IVANA MAGRI

STOFFMALEREI

IVANA MAGRI

STOFFMALEREI

Aus dem Italienischen von
Susanne Vogel

ROSENHEIMER

Danksagung der Autorin

Mein Dank gilt
dem Rat des Mailänder Bezirks 14 und seiner Vorsitzenden, Frau Marcella Merli Michelini, die mir die Durchführung von Kursen über Stoffmalerei ermöglichten;
allen Studenten, denen ich in den Jahren meiner Lehrtätigkeit begegnen durfte und die mir indirekt beim Verfassen dieses Buches geholfen haben.
Ganz besonderen Dank möchte ich den Studenten des Mailänder Rehabilitationszentrums in der Via Ravenna 13 aussprechen, die durch ihre Teilnahme an den Kursen große Lebensfreude zum Ausdruck brachten.
Danken möchte ich schließlich auch Herrn Dr. Biasin und Herrn Dr. Colussi von der Firma W. Hammeley, Venedig, die für den Vertrieb der DEKA-Textilfarben in Italien zuständig ist, für ihre entgegenkommende Zusammenarbeit, sowie folgenden Studentinnen für die Genehmigung zur Veröffentlichung ihrer Arbeiten:
Ornella Bertini (S. 42), Marisa Civardi (S. 39), Alessandra Della Janna (S. 17), Lucia De Matti (S. 67), Camilla Portaluppi (S. 63), Valeria Rossi (S. 19).

Alle übrigen Arbeiten stammen von Ivana Magri.

Redaktion: Franca Cambié, *Layout:* Giancarlo Cancelli, Alberto Villa, *Fotos:* Roberto Circià, *Zeichnungen:* Ivana Magri.

© 1991 by Rosenheimer Verlagshaus
ISBN 3-475-52698-0
© der italienischen Originalausgabe mit dem Titel „Decorazione su Tessuto" 1989 by Arnoldo Mondadori Editore S.p.A., Milano.
Dieses Buch erscheint in der Reihe „Rosenheimer Raritäten" im Rosenheimer Verlagshaus Alfred Förg GmbH & Co. KG, Rosenheim. Es wurde gesetzt von Fotosatz-Service Weihrauch, Würzburg; gedruckt und gebunden von Arnoldo Mondadori, Verona.
Das vorliegende Buch ist sorgfältig erarbeitet worden. Dennoch erfolgen alle Angaben ohne Gewähr. Weder Autor noch Verlag können für eventuelle Nachteile oder Schäden, die aus den im Buch gemachten praktischen Hinweisen resultieren, eine Haftung übernehmen.

Inhalt

Einführung	7
Materialien und Hilfsmittel	8
Die Anwendung der Farben	23
Die Maltechnik	39
Schattierung und Äderung	56
Vom Entwurf zum fertigen Kunstwerk	63
Motive	74
Register	94

Einführung

Unsere Welt wandelt sich rasant, und mit ihr wandeln auch wir uns. Tag für Tag werden wir mit überraschenden Veränderungen, technischen und wissenschaftlichen Fortschritten konfrontiert, die die Beziehungen der Menschen untereinander und zu ihrer Umwelt neu gestalten und mitunter sogar komplizieren. Seit jeher aber bewahrt der Mensch in seinem Inneren ein einzigartiges und kostbares Gut, das durch keine technische Innovation, nicht einmal den ausgeklügeltsten Computer, verdrängt werden kann. Die Rede ist von der menschlichen Phantasie und Kreativität.

Ich bin überzeugt, daß in jedem von uns, mehr oder weniger verborgen, ein Quentchen davon schlummert, daß der „Schmetterling der Phantasie" nur darauf wartet, geweckt zu werden und aufzuflattern, um in immer wieder neuen Formen und Farben seinen Ausdruck zu finden. Wie aber kann man ihn aufwecken, diesen Schmetterling? Wie die Harmonie einer Blume, ihr zartes Farbenspiel einfangen, wenn man die Kunst des Zeichnens und Malens nicht beherrscht? Wie kann man die welkende Schönheit unvergänglich machen?

Mit Pinsel und Farbe, einer fundierten Vorbereitung und natürlich dem Wunsch – so einfach ist die Antwort! Am Anfang eines jeden Kurses über Stoffmalerei fragen sich die meisten meiner Schüler ängstlich: Kann ich das denn überhaupt? Und gerade sie, die sich mit Bescheidenheit und Fleiß an dieses schöne Hobby begeben, erzielen meist die besten Resultate.

Die Stoffmalerei gilt zu Recht als Kunst. Wie jede andere kreative Disziplin fordert auch sie stetiges Auseinandersetzen mit der Materie, intensives Beobachten und Freude am Experimentieren, und erst durch ständige Praxis gelangt sie zur Vervollkommnung.

Doch auch ohne einen solchen künstlerischen Anspruch wird jeder, der mit Ernst und Eifer bei der Sache ist, garantiert mehr als zufriedenstellende Ergebnisse erzielen. Denn die Stoffmalerei ist eine Technik, die sich niemandem verschließt.

Zwei Stunden Übung täglich genügen, um sich einen sicheren und gelösten Pinselstrich anzueignen – zwei entspannende und schöpferische Stunden, die schon nach kurzer Zeit zur sicheren Beherrschung der Technik der Stoffmalerei führen.

Die Stoffmalerei ist eine faszinierende Kunst, die sich niemandem, der mit etwas Fleiß bei der Sache ist, verschließt. Auf der gegenüberliegenden Seite ein besonders gelungenes Beispiel für die vielfältigen Gestaltungsmöglichkeiten: Der leuchtend bunte Schmetterling ist auf Jeansstoff gemalt.

Materialien und Hilfsmittel

Die Farben

Bei der Stoffmalerei kommen besondere Farben zur Verwendung. Aus dem breiten Produktangebot empfehlen sich insbesondere die DEKA-Farben. Maßgebend hierfür sind folgende Gründe:

– Es sind mehrere Produktlinien erhältlich, die jeweils für bestimmte Stoffe oder eine spezielle Technik entwickelt wurden: *DEKA-Permanent* für weiße bis hellfarbige Stoffe; *DEKA-Deck-Permanent* für dunkle Stoffe; *DEKA-Permanent-Metallics* mit deckender Wirkung und Perlmutteffekt für helle und dunkle Stoffe; *DEKA-Silk* mit leuchtender Farbwirkung für Aquarelltechnik und hellfarbige, leichte Stoffe.
– Sie sind geruchlos.
– Sie sind lichtecht.
– Sie sind auf Wasserbasis hergestellt (daher lassen sich auch die verwendeten Hilfsmittel leicht mit kaltem Wasser reinigen).
– Sie lassen sich gut verteilen.
– Sie sind in vielen leuchtenden, untereinander mischbaren Farbtönen erhältlich.
Vorsicht: Sie sind nur in den jeweiligen Farbsorten, z.B. DEKA-Permanent untereinander mischbar.
– Sie lassen sich einfach durch Bügeln fixieren.
– Sie sind waschecht (Hand- und Maschinenwäsche). Sie sind reinigungsbeständig, außer DEKA-Permanent.
– Fest verschlossen und weder an einem zu heißen Platz noch bei zu kalten Temperaturen gelagert, sind sie etwa ein halbes Jahr haltbar.
– Sie werden in verschiedenen Packungsgrößen angeboten.
– Sie sind im Fachhandel erhältlich.
Für die in diesem Buch vorgestellte Maltechnik empfiehlt sich die Verwendung von *DEKA-Permanent* für hellfarbiges Gewebe bzw. von *DEKA-Deck-Permanent* für dunkelfarbiges Gewebe, wobei man natürlich seiner Experimentierfreude auch mit den anderen DEKA-Produktlinien freien Lauf lassen kann.

Die Farben für helle Stoffe

Für die ersten Versuche bieten sich zunächst weiße und als nächste Stufe pastellfarbene Stoffe an und dazu die *DEKA-Permanent* für hellfarbige Gewebe. Sie vermischen sich gut, lassen sich leicht auftragen und sind daher ideal, um Selbstvertrauen und Sicherheit im Umgang mit Pinsel und Farbe

Auf der gegenüberliegenden Seite vier DEKA-Produktlinien: oben die DEKA-Deck-Permanent für dunkle Stoffe; in der Mitte links die DEKA-Permanent für helle Stoffe; unten rechts DEKA-Silk speziell für zarte, leichte Gewebe; unten links DEKA-Permanent-Metallics mit Perlmutteffekt.

Die DEKA-Permanent (auf der gegenüberliegenden Seite oben) werden in drei verschiedenen Größen angeboten: im kleinen und mittleren Glas (oben rechts) und in einer großen Plastikflasche (Mitte rechts). Die DEKA-Deck-Permanent (unten) sind in zwei Größen – 20 ml und 500 ml – erhältlich. Für den Einstieg empfehlen sich die kleinen Gläser, die einfacher zu handhaben sind, weniger Platz erfordern und geringere Kosten verursachen.

zu gewinnen. Aus den drei Grund- oder Primärfarben – Rot, Gelb und Blau – lassen sich verschiedene Zwischen- oder Sekundärfarben mischen (siehe „Die Anwendung der Farben", Seite 23). Wirklich zufriedenstellende Ergebnisse setzen jedoch eine gewisse Erfahrung im Gebrauch der Farben voraus. Daher sollte man anfangs besser diverse Farben fertig kaufen, aus denen sich wiederum verschiedenste Mischtöne herstellen lassen.

Die folgenden DEKA-Permanent Töne sollten für den Einstieg in der Grundausstattung enthalten sein:
– Weiß (Nr. 419)
– Zitronengelb (Nr. 401)
– Hellrot (Nr. 405)
– Rosa (Nr. 404)
– Hellblau (Nr. 409)
– Hellbraun (Nr. 415)
– Dunkelgrün (Nr. 414)
– Schwarz (Nr. 418)
– Goldgelb (Nr. 402)
– Karmin (Nr. 406)
– Lila (Nr. 408)
– Dunkelblau (Nr. 411)
– Dunkelbraun (Nr. 416)

Die Farben für dunkle Stoffe

Nachdem man mit den DEKA-Permanent für hellfarbige Stoffe die ersten Erfahrungen gesammelt und ausreichende Sicherheit in der Herstellung der Mischtöne gewonnen hat, kann man zu den deckenden Farben und dunkelfarbigen Stoffen übergehen.
Verglichen mit den anderen Produktserien, sind die *DEKA-Deck-Permanent* sehr cremig. Man kann sie nicht auf den Teller gießen, sondern muß sie mit Hilfe eines Pinsels oder, besser noch, eines Spatels dem Glas entnehmen. Sie sind licht- und waschecht. Letzteres gilt jedoch nur, sofern nicht mehrere Farbschichten übereinander aufgetragen werden. In diesem Fall würde sich die oberste Schicht unter Umständen bereits bei der ersten Wäsche lösen. Sowohl der Farbauftrag als auch die Fixierung erfolgen wie bei DEKA-Permanent.
Die DEKA-Deck-Permanent eignen sich für alle dunkleren bis dunklen Stoffe aller Art, insbesondere aber für schwereres Gewebe (zum Beispiel Leinen, Rupfen, dicke Baumwolle). Leichtere Qualitäten, wie Seide, werden dagegen oftmals steif und hart, was beispielsweise bei Kleidungsstücken keinesfalls erwünscht ist. Stoff- und Farbwahl sind daher bereits in der Entwurfsphase von entscheidender Bedeutung.
Da die DEKA-Deck-Permanent besonders schnell austrocknen, müssen die Gläser nach Gebrauch sofort wie-

der fest verschlossen werden. Ebenso werden die Pinsel nach jedem Gebrauch sorgfältig mit kaltem Wasser gewaschen, da sie durch eingetrocknete Farbrückstände zwischen den Haaren ihre Form verlieren und unbrauchbar werden. DEKA-Deck-Permanent lassen sich, ebenso wie die DEKA-Permanent, falls notwendig mit etwas Wasser mischen.
Die Farben werden auch in 500-ml-Flaschen angeboten, doch empfiehlt sich die Verwendung von 20-ml-Gläsern. Weiß wird die meistverwendete Farbe sein. Nach dem Gebrauch werden die Behälter fest verschlossen und an einem kühlen Ort aufbewahrt.
Die DEKA-Deck-Permanent besitzen keine große Leuchtkraft.

Folgende Farbtöne sollten in der Grundausstattung enthalten sein:
– Deck-Weiß (Nr. 469)
– Deck-Hellblau (Nr. 459)
– Deck-Hellrot (Nr. 455)
– Deck-Hellbraun (Nr. 465)
– Deck-Zitron (Nr. 451)
– Deck-Hellgrün (Nr. 462)
– Deck-Schwarz (Nr. 468)

MATERIALIEN UND HILFSMITTEL

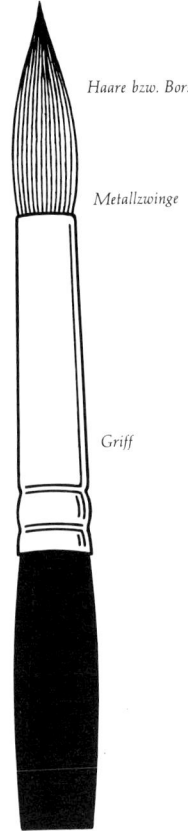

Haare bzw. Borsten

Metallzwinge

Griff

Spitzenschluß

Die Pinsel

Die hier vorgestellte Maltechnik erfordert unbedingt qualitativ hochwertige Pinsel.
Entscheidend für den Erfolg ist zweckmäßiges Arbeitsmaterial. Selbst der schönste Entwurf kann mit schlechtem oder ungeeignetem Werkzeug nur zu leicht mißlingen.
Doch dient der Pinsel nicht nur als reines Werkzeug zum Auftragen der Farbe, sondern als Ausdrucksmittel, das mit der Hand zu einer Einheit verschmilzt und mit dem wir unserer Kreation eine individuelle Handschrift verleihen.
Daher ist die Wahl des Pinsels von entscheidender Bedeutung. Er wird sorgfältig behandelt, nicht aus der Hand gegeben und auch nicht für andere Arbeiten oder für Farben anderer Hersteller verwendet.
Benötigt werden drei Aquarellpinsel aus Marderhaar, und zwar in den Größen 2, 4 und 6. Dabei lohnt es sich, ruhig mehr für professionelle Pinsel auszugeben, die aus besserem Material sind und somit länger halten.
Die Verwendung der Pinsel wird im Kapitel „Die Maltechnik" auf Seite 39 behandelt.
Welche Merkmale muß nun ein Pinsel aufweisen, damit er sich für die Stoffmalerei eignet?

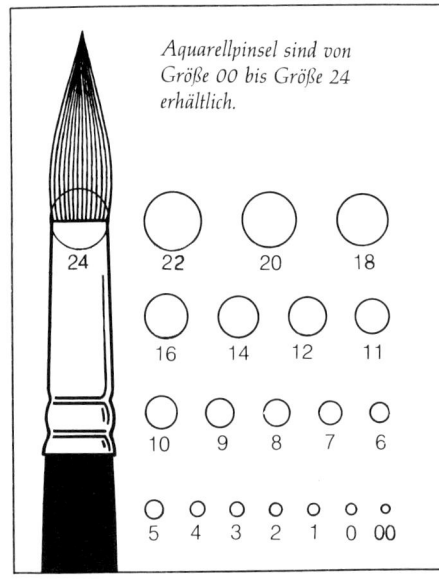

Aquarellpinsel sind von Größe 00 bis Größe 24 erhältlich.

– Der Stiel darf nicht zu lang sein.
– Die Zwinge muß aus Metall und rund sein.
– Der eigentliche Pinsel muß aus Marderhaar sein, er soll eine normale Länge, das heißt wie ein Aquarellpinsel, haben und weder zu weich noch zu borstig sein.
– Die Pinselspitze soll die Form einer Feder haben und sich etwa ab der Mitte V-förmig zuspitzen.
– Die Pinselstärke, die genormt und auf dem Pinsel vermerkt ist, hängt vom jeweiligen Verwendungszweck ab.

Sonstige Arbeitsmittel

Ebenso wichtig wie Farben und Pinsel ist eine zweckmäßige und komplette Ausrüstung. Sie muß so beschaffen sein, daß die Arbeit möglichst leicht und mit minimalem Zeitaufwand von der Hand geht. Nachstehend eine Auflistung der notwendigen sonstigen Hilfsmittel.
– Eine Sperrholzplatte, etwa 50 x 70 cm groß und mindestens 10 mm dick. Oberfläche und Kanten müssen absolut ebenmäßig sein und werden, falls dies nicht gegeben ist, mit feinem Sandpapier geglättet.
– Schweres, weißes, saugfähiges Papier, möglichst 50 x 70 cm groß. Ist dies nicht zu bekommen, so kaufe man zumindest die größten Stücke, die man bekommt. Auf jeden Fall muß das Papier sehr saugfähig sein, da es überschüssige Farbe auf der Unterseite des Stoffes aufnehmen soll.
– Eine Schachtel Reißzwecken, Architektennadeln oder Dreizackstifte zum Befestigen des saugfähigen Papiers und des Stoffs auf der Holzplatte.
– Ein flacher weißer Porzellanteller von mindestens 20 cm Durchmesser zum Mischen der Farben. Nicht geeignet sind Teller aus Plastik, farbigem Material oder Pyrex, da sie die Farbe aufsaugen beziehungsweise die Farbwirkung verfälschen oder einen Glanzeffekt vortäuschen. Der Teller wird nach Erfordernis, auf jeden Fall aber nach Abschluß der Arbeiten, abgewaschen und sorgfältig abgetrocknet. Er sollte auf keinen Fall mehr als Gebrauchsgeschirr verwendet werden.
– Ein Wassergefäß, um den Pinsel während des Arbeitens auszuwaschen. Geeignet ist beispielsweise ein 400-ml-Konservenglas. Zu vermeiden sind dagegen Pappbecher, da sie leicht umkippen, oder zu kleine Gefäße, in denen sich die Pinsel nicht gut auswaschen lassen.
– Ein Lappen (maximal 30 x 30 cm) zum Trockentupfen der Pinsel während des Malens. Er muß unbedingt sauber und aus saugfähiger Baumwolle sein.
– Transparentpapier zum Kopieren der Vorlage.
– Ein feiner schwarzer Filzstift zum Nachziehen des abgepausten Musters.
– Weißes oder gelbes Kreidepapier zum Übertragen der Vorlage auf undurchsichtige oder dunkelfarbige Stoffe. Nicht verwenden sollte man dagegen Kohlepapier oder Kopierstifte.
– Ein fein gespitzter harter Bleistift.
– Eine kleine Schere, die für den Fall des Falles griffbereit zusammen mit Farben, Pinseln, Spannstiften, Lappen und Stiften aufbewahrt wird.
– Weißes Papier, das unter anderem

Auf der gegenüberliegenden Seite links die wichtigsten Teile eines Pinsels. Unten ist der v-förmige Spitzenschluß, ein entscheidendes Kriterium für einen guten Pinsel, illustriert.

Die wichtigsten Arbeitsgeräte für die Stoffmalerei:
1. Weißes Papier
2. Reißzwecken, alternativ auch Architektennadeln oder Dreizackstifte
3. Sperrholzplatte
4. Saugfähiges Papier
5. Stoff
6. Schachtel für die Arbeitsgeräte
7. DEKA-Permanent für helle Stoffe
8. Wasserglas
9. DEKA-Deck-Permanent für dunkle Stoffe
10. Baumwollappen zum Abtrocknen der Pinsel
11. Weißer Porzellanteller
12. Verschiedene Pinsel
13. Radiergummi
14. Bleistiftspitzer
15. Schere
16. Bleistift
17. Feiner schwarzer Filzstift
18. Transparentpapier

Gegenüberliegende Seite: Ein malerisches Blumendessin in zarten Pastelltönen, akzentuiert durch violette Schattierungen. Das Motiv wurde mit DEKA-Permanent gemalt und ziert einen Leinenvorhang.

dazu dient, Stoffpartien, die nicht bemalt werden sollen, zu schützen.
– Ein langärmeliger Kittel, der die Kleidung vor Farbspritzern schützt, die sich nicht mehr entfernen lassen.
– Stoffe jeder Art als Malgrund.

Der Arbeitsplatz und seine Organisation

Voraussetzung für Freude an der Stoffmalerei und zufriedenstellende Ergebnisse ist nicht nur gutes Arbeitsmaterial, sondern auch ein durchdachter Arbeitsplatz, der im Idealfall ausschließlich für diesen Zweck genutzt wird.
Die Einrichtung dieses kleinen „Ateliers" ist nicht sehr aufwendig. Eine Grundvoraussetzung ist ausreichendes Licht. Weiterhin wird eine stabile Arbeitsfläche benötigt, die mit Folie oder einfarbigem Papier abgedeckt wird. Entscheidend für eine lockere Pinselführung ist eine entspannte Sitzposition, die durch einen geeigneten Stuhl gewährleistet wird. Vervollständigt wird der Arbeitsplatz durch eine helle Tischbeleuchtung (mindestens 100 Watt, jedoch kein Neonlicht, das verfälscht die Farben).
Neben diesen „Äußerlichkeiten" spielen aber auch die innere Einstellung und die Organisation eine Rolle. Es ist wichtig, mit Ernst bei der Sache zu sein, sorgfältig zu arbeiten und den Arbeitsplatz mit allen benötigten Hilfsmitteln gut zu organisieren. Beispielsweise werden die Pinsel und Farben, der Teller zum Mischen und das Wassergefäß niemals auf die Arbeitsfläche gestellt, auf der auch das Holzbrett mit dem aufgespannten Stoff liegt. Statt dessen sollte man unmittelbar neben dem Sitzplatz eine feste oder bewegliche Abstellfläche vorsehen, auf der alle Werkzeuge und Hilfsmittel Platz finden.
Muß man die Arbeit unterbrechen und die Arbeitsecke räumen, so ist dies kein Beinbruch: Das Brett mit dem aufgespannten Stoff wird, auch senkrecht, an einen Ort gestellt, wo es keinen Schaden nehmen kann; die verschlossenen Farbgläser, die sorgfältig gewaschenen und getrockneten Pinsel, der gesäuberte und abgetrocknete Teller und die übrigen Hilfsmittel werden in einer Schachtel verstaut – und schon ist alles gut aufgehoben.

DEKA-Permanent auf hellen Stoffen

Prinzipiell eignen sich alle Gewebe für die Stoffmalerei. Allerdings reagieren sie immer wieder anders auf den Farbauftrag, was vor allem bei den ersten

Versuchen und Erfahrungen mit der hier vorgestellten Technik besondere Berücksichtigung verdient.

Ungeeignete Stoffe
Zu vermeiden sind alle synthetischen Gewebe wie Polyester, Polyamid und Mischgewebe mit einem Naturfaseranteil von höchstens 40%.
Chemiefasern sind naturgemäß nicht sehr waschfest. Außerdem dringt die Farbe nicht in die Faser ein, sondern legt sich nur auf die Oberfläche. Dadurch bedingt läuft sie leicht aus und kann somit den schönsten Entwurf zunichte machen. Darüber hinaus fühlt sich bemaltes synthetisches Gewebe oftmals unangenehm an.

Geeignete Stoffe
Alle Gewebe aus Naturfasern sind als Malgrund bestens geeignet. Sie lassen sich in drei Gruppen unterteilen:
– Seide (zum Beispiel Twill, Crêpe de Chine, Georgette, Chiffon, Rohseide, Satin);
– Baumwolle (zum Beispiel Popeline, Batist, Musselin, Jersey, Baumwolle-Leinen-Mischung);
– Leinen, Rupfen usw.
Das gewählte Material muß zunächst vorbehandelt werden. Besonders wichtig ist hierbei das Entfernen der Appretur (durch Waschen in sehr heißem Wasser), damit die Farbe hinterher richtig in die Fasern eindringen kann und sich nicht gleich bei der ersten Wäsche verliert.

Seide muß man sorgfältig bügeln, um alle Falten zu entfernen. Denn je glatter das Gewebe – und dies gilt besonders für die ersten Versuche –, desto besser läßt sich damit arbeiten: Der Pinsel gleitet leichter, die Farbe verteilt sich gleichmäßiger, und insgesamt ist das Ergebnis gelungener. Daher empfehlen sich für den Ungeübten Seide oder Baumwollpopeline, die beide eine sehr glatte, dichte Oberfläche besitzen.
Anfangs nur bedingt geeignet sind dagegen Stoffe glatter, aber lockerer Webart wie Batist, die die Farbe zu schnell aufsaugen, wodurch der Pinselstrich ungleichmäßig wirkt.
Für glatte, geschmeidige Stoffe spricht zumindest anfangs auch, daß Details und Schattierungen sich im Gegensatz zu groben Stoffen, wie rustikalem Leinen oder Rupfen, einfacher realisieren lassen und der Gesamteindruck gefälliger ist. Je schwerer und gröber das Gewebe, desto mehr Farbe saugt es auf, wodurch das Ergebnis etwas kompakt wirkt.
Zuletzt noch ein nützlicher Hinweis: Zwar ist es verständlich, für die ersten Versuche alte Stoffreste zu verwenden. Doch bildet stark benutzte Baumwolle auf der Oberfläche einen feinen Flaum, der bewirkt, daß die Farben verlaufen,

und der außerdem einen gleichmäßigen Farbauftrag erschwert. Daher sollte man besser neue Stoffe benutzen.

Die Stoffgrundfarbe
Natürlich ist die Farbwahl Geschmackssache. Wichtig ist jedoch, daß dabei die Harmonie gewahrt bleibt. Mit anderen Worten, die Farbe des gewählten Stoffes muß zum einen zur Farbgebung des Entwurfs passen und zum anderen, wenn es sich zum Beispiel um ein Kleidungsstück oder Accessoire handelt, auf die Farben abgestimmt sein, zu denen man das Stück tragen möchte.

Ton-in-Ton-Kombinationen beispielsweise wirken meist sehr zart, geschmackvoll und raffiniert. Besonders gut gelingen sie mit neutralen oder pastellfarbenen Stoffen. Auf dunklem Grund treten die Motive dagegen deutlicher in den Vordergrund.
Um Mißerfolge zu vermeiden, sollte man mit weißgrundigen Stoffen beginnen, die sich leicht mit anderen Farben kombinieren lassen, und anschließend zu pastellfarbenen Stoffen übergehen. Mit zunehmender Erfahrung stellt sich automatisch ein gewisses Farbempfinden ein.
Neben der Farbe des Stoffes entschei-

Oben:
Die besondere Kombination der Blütenformen und die Harmonie der Farben verleihen diesem Seidentuch einen individuellen Charakter.

Gegenüberliegende Seite:
Ein Blumenmotiv für feminine Mode.

Gegenüberliegende Seite: Ein apartes Tuch mit stilisierten Schwertlilien.

det auch seine Beschaffenheit über die endgültige Wirkung des Entwurfs. So verleiht Seide mit ihrem typischen Schimmer und ihrer Schmiegsamkeit den Kreationen einen ganz besonderen Reiz.

Dennoch empfehlen sich für den Anfang weiße Baumwollstoffe, wie beispielsweise Popeline.

Das Fixieren der Farben
Nachdem die Arbeit vollendet ist, müssen die Farben zunächst vollständig trocknen. Dies gilt für helle ebenso wie für dunkle Stoffe.

Besonders bei hellfarbigen, leichten Geweben und DEKA-Permanent kann es passieren, daß ein Zuviel an Farbe durch die Fasern in das unter dem Stoff liegende Papier dringt, das dadurch an der einen oder anderen Stelle anklebt. Es wird, sobald die Farben getrocknet sind, abgelöst, und alle noch anhaftenden Papierreste werden sorgfältig abgekratzt.

Allerdings läßt sich das Ankleben von vornherein verhindern, indem man den Stoff nach jedem Farbauftrag behutsam etwas anhebt und ein neues Stück Löschpapier über das durchtränkte schiebt. Auf diese Weise bleibt der Stoff, selbst wenn er sich verschiebt, sauber, und der zuvor beschriebene Effekt wird vermieden.

Nach zwei- bis dreitägigem Trocknen können die Farben fixiert werden. Hierfür wird der Stoff mit einem Bügeleisen auf der Rückseite zwei bis drei Minuten gemäß Gebrauchsanweisung gebügelt. Jetzt kann der Stoff bedenkenlos gebügelt werden.

Das Waschen bemalter Stoffe
Handbemalte Stoffe werden grundsätzlich nicht chemisch gereinigt, da das Lösungsmittel die Farben angreifen könnte.

Empfindliches Gewebe wird in lauwarmem Wasser und mit einem milden Waschmittel ohne bleichende Zusätze wie Chlor durchgespült, aber nicht gerieben. Danach spült man es in klarem Wasser aus und läßt es trocknen.

Baumwolle kann dagegen auch in der Maschine bei 60°C gewaschen werden. DEKA-Permanent vertragen sogar Kochwäsche, doch garantiert die zuvor genannte Temperatur eine längere Haltbarkeit.

DEKA-Deck-Permanent auf dunklen Stoffen

Mit den DEKA-Deck-Permanent lassen sich alle dunkleren bis schwarzen Stoffe bemalen. Allerdings sei daran erinnert, daß man sich erst dann an dunkle Stoffe und die dafür geeigneten DEKA-Farben wagen sollte, wenn man in der Herstellung der Farben und ihrem Auftrag auf hellen Stoffen eine gewisse Sicherheit erworben hat.

Ungeeignete Stoffe
DEKA-Deck-Permanent werden weder auf synthetischen Geweben noch auf leichten Stoffen (Seiden, wie Twill, Georgette, leichter Crêpe de Chine und Chiffon oder auch dünne Baumwolle wie Batist und Musselin) verwendet. Chemiefasern sind aus den gleichen Gründen nicht geeignet, die bereits auf Seite 18 ausgeführt wurden; leichte Stoffe sind dagegen zu vermeiden, da die pastösen DEKA-Deck-Permanent sie nach dem Trocknen steif und hart werden lassen.

Geeignete Stoffe
Gröbere Naturfasern wie Jeansstoff, Leinen, Leinenmischungen, schwere Baumwolle, Rupfen usw. bieten sich ganz besonders für die hier vorgestellte Maltechnik an. Zuvor müssen sie unbedingt bei 60° oder 90°C gewa-

Ein Ausschnitt des Dessins von Seite 21. Der gedeckte Fond wird durch die Kombination verschiedener Gelbtöne belebt.

schen werden, um die Appretur zu entfernen.

Die Stoffgrundfarbe
Wenn die Grundfarbe eines Stoffes nach dem Bemalen mit DEKA-Permanent noch durchscheint, so haben wir es mit einem dunkelfarbigen Stoff zu tun, der die Verwendung von DEKA-Deck-Permanent verlangt.
Dabei gilt die Faustregel: Je dunkler die Grundfarbe, desto intensiver leuchten die Malfarben.
Doch nicht nur die Wahl der Farben, sondern auch die Einzelheiten des Entwurfs sind auf die jeweilige Beschaffenheit des Stoffes abzustimmen. Auf einem glatten Stoff lassen sich die Farben leicht verteilen. Bei groben Stoffen dagegen geht es weniger darum, Details herauszuarbeiten, als vielmehr eine harmonische Komposition von Farben oder Farbtönen zusammenzustellen. Und schließlich müssen die Farben um so cremiger sein, je dunkler der Stoff ist, damit die Deckwirkung beim ersten Farbauftrag erreicht wird.

Das Fixieren der Farben
Das Fixieren der DEKA-Deck-Permanent auf dunkelfarbigen Stoffen erfolgt genauso, wie auf Seite 20 für DEKA-Permanent und hellfarbige Stoffe beschrieben.

Das Waschen bemalter Stoffe
Die chemische Reinigung ist nach Möglichkeit zu vermeiden. Statt dessen sollte das Stück in handwarmem Wasser mit einem milden Waschmittel gewaschen werden, ohne es jedoch kräftig zu reiben. Denn vor allem bei mehrschichtigem Farbauftrag ist die letzte Schicht meist nicht mehr in die Fasern gedrungen, sondern haftet nur auf der Oberfläche und wird dementsprechend durch intensives Waschen oder Reiben leicht abgelöst.

Die Anwendung der Farben

Die Farbe und ihre Wirkung

Der Begriff der Farbe ist wissenschaftlich formuliert sehr komplex und läßt sich daher mit wenigen Worten kaum umfassend behandeln. Daher werden hier nur die Grundprinzipien erläutert.

Nun kommt es in der Malerei aber in entscheidendem Maße darauf an, ausgehend von den physikalischen Theorien ein eigenes Farbempfinden zu entwickeln, ein Gespür für Farbharmonien und gelungene Kombinationen zu erwerben und die Farben wie auch ihre Komponenten erkennen zu lernen. Daher wollen wir uns hier nicht mit den physikalischen Fakten befassen, sondern uns der Farbenlehre von der „künstlerischen" Seite nähern. Wir müssen mit der Farbe spielen, sie beobachten und „spüren", um auf diese Weise das zuvor erwähnte Farbempfinden zu entwickeln.

Entscheidend für den Gesamteindruck eines Entwurfs ist neben der Form auch die Farbe. Beide Elemente müssen sich zu einem harmonischen Ganzen fügen.

Dabei wirken zarte Farben, Ton in Ton kombiniert, sehr raffiniert und gefällig. Stark kontrastierende Farben dagegen sind zwar auf den ersten Blick wirkungsvoller, doch können sie das Auge leicht ermüden. Somit will die Farbwahl wohlüberlegt und vor allem auch auf die Form des Entwurfs und auf den späteren Verwendungszweck des fertigen Kunstwerks abgestimmt sein.

Terminologie

Wenn von Farben die Rede ist, stößt man immer wieder auf einige Grundbegriffe, die nachstehend kurz erklärt werden.

- *Farbton:* Aus den Grundfarben Gelb, Rot und Blau gemischte Farbe.

- *Farbabstufung:* Änderung eines Farbtons in bezug auf Sättigung und Helligkeit.

- *„Schmutzige" Farbe:* Im Vergleich zur reinen Farbe dumpfer Farbton.

- *Reine Farbe:* Je reiner der Farbton, desto klarer die Farbwirkung.

- *Warme Farbe:* Eine kalte Farbe strahlt durch Beimischen einer warmen Farbe mehr Wärme aus.

- *Die Farbe neutralisieren:* Die Farbe durch eine entsprechende Beimischung dämpfen.
- *Die Farbe intensivieren:* Der Farbe mehr Leuchtkraft verleihen.

Die Grundfarben und ihre Mischung

Es gibt drei Grundfarben – auch Primärfarben genannt –, aus denen alle übrigen Farben gemischt werden. Die breite Farbpalette kommt durch die Kombination der Grundfarben untereinander wie auch der aus ihnen entstandenen Mischfarben in verschiedenen Verhältnissen zustande.
- Die drei *Grundfarben* sind Rot (Karminrot), Gelb und Blau (Ultramarinblau).
- Durch die Kombination zweier Grundfarben entstehen die *Misch-* oder *Sekundärfarben,* nämlich Grün, Orange und Blauviolett.
- Die *Farben dritter Ordnung* – Braungrün, Braun und Dunkelgrün – entstehen durch Mischen der Sekundärfarben.

Farbnuancierungen

Durch immer wieder andere Mischungen könnte man eine beinahe endlose Vielfalt von Farbtönen herstellen. Praktische Übungen dieser Art erweisen sich als sehr hilfreich, um Sicherheit im Gebrauch der Farben zu entwickeln. Notiert man dabei zugleich die Mischverhältnisse und die Reihenfolge, in der die einzelnen Farben beigegeben wurden, so kann man sich im Laufe der Zeit ein nützliches Farbmusterheft zusammenstellen.

Das Mischen der Farben für helle Stoffe

Die DEKA-Permanent besitzen den Vorteil, daß sie untereinander gut mischbar sind und sich, da auf Wasserbasis hergestellt, im Bedarfsfall auch mit etwas Wasser verdünnen lassen. Beim Mischen von Farben ist es wichtig, daß man eine ausreichende Menge herstellt. Hierbei sind nicht nur die zu bemalenden Flächen zu berücksichtigen, sondern ebenso die Beschaffenheit, das heißt die Saugfähigkeit des gewählten Stoffes. Die Zugabe von Wasser ist so gut wie nie erforderlich, es sei denn, die vorhandene Farbe reicht nicht aus und muß gestreckt werden. Um eine Farbe zu verdünnen, gibt man mit dem Pinsel tropfenweise Wasser dazu, bis eine Konsistenz erreicht ist, die das gleichmäßige Verteilen der Farbe ermöglicht.
Am besten mischt man stets etwas

Gegenüberliegende Seite: Ein verschwenderisch bemaltes Seidentuch. Die großzügigen Pinselstriche der Chrysanthemenblüten und die filigranen Linien der Blattäderung stehen in reizvollem Kontrast zueinander. Abgerundet wird die Komposition durch anmutige Lupinen und kunstvoll schattiertes Laub.

mehr als die voraussichtlich benötigte Farbmenge. Darüber hinaus ist es ratsam, die Mengenverhältnisse der Farbtöne und die Reihenfolge ihrer Zugabe zu notieren, damit man bei Bedarf die gleiche Farbe erneut mischen kann.
Wenn die Farbe verläuft, so ist sie zu dünnflüssig. In diesem Fall mischt man etwas Weiß hinzu, das der Farbe mehr Konsistenz verleiht, und ergänzt, falls sie dabei zu sehr aufhellt, auch die übrigen verwendeten Farbtöne.
Um keine unangenehmen Überraschungen zu erleben, empfiehlt es sich, für Farbproben einen Lappen (möglichst ein Stück des verwendeten Stoffes) bereitzulegen. Denn zum einen reagiert jeder Stoff anders auf die Farbe, und zum anderen kann es ohne weiteres passieren, daß die Farbmischung auf dem Teller viel heller oder auch dunkler wirkt als schließlich auf dem Stoff selbst. Die Farben werden nach dem gründlichen Aufrühren direkt auf den Teller gegossen. Man kann sie auch mit Hilfe eines sauberen Pinsels darauf träufeln. In diesem Fall muß der Pinsel jedoch bei jedem Farbwechsel ausgewaschen und getrocknet werden, um zu vermeiden, daß die Farben in den Originalbehältern verunreinigt werden.
Eine gleichmäßige Mischung setzt gründliches Verrühren voraus. Weist die Mischung auf dem Teller noch einen Marmoreffekt auf, so sind die einzelnen Komponenten nicht ausreichend vermischt, was auch auf dem Stoff selbst nicht zu übersehen wäre. Dieser Fehler ließe sich nur durch einen zweiten Farbauftrag korrigieren, wodurch der Stoff an dieser Stelle jedoch „krustig" wirken und die Waschechtheit darunter leiden könnte.
Bei der Herstellung der Farben muß man mit Bedacht und Sorgfalt, keinesfalls aber mit Hast und Oberflächlichkeit vorgehen. Denn das Mischen der Farbtöne und -abstufungen ist eine entscheidende Phase in der Entstehung des Kunstwerks, in der wir einerseits Sicherheit im Umgang mit den Farben erlernen und andererseits unsere Experimentierfreude entfalten können.
Da sich eine Farbe und ihre Wirkung mit Worten kaum beschreiben läßt, folgen später einige praktische Beispiele.

Zwei Blätter, das eine flächig ausgemalt und schattiert, das andere fein geädert. Daß die Sekundärfarbe Grün durch Mischen von Blau und Gelb entsteht, wird hier besonders deutlich.

Farbmischungen mit DEKA-Permanent

Um einen sehr hellen Ton zu erhalten, mischt man Weiß (Nr. 419) mit einer kleinen Menge einer reinen Farbe (in diesem Fall Rosa Nr. 404):

419 + 404 = *rosiges Weiß*

Je mehr Rosa (Nr. 404) man dem Weiß (Nr. 419) beimischt, desto intensiver wird die Farbe, bis man schließlich ein mittelhelles Rosa erhält. Beispiele:

419 + 404 = *sehr helles Rosa*

419 + 404 = *helles Rosa*

419 + 404 = *mittelhelles Rosa*

Um ein mittleres, mitteldunkles oder dunkles Rosa zu erhalten, verfährt man genau umgekehrt. Das heißt, man mischt der reinen Farbe Nr. 404 ganz wenig Weiß bei.

404 + 419 = *mittleres Rosa*

Das reine Rosa Nr. 404 ist ein mittlerer Farbton.

404 (rein) = *mittleres Rosa*

Um das Rosa (Nr. 404) weiter abzutönen, muß man etwas Karmin (Nr. 406) hinzufügen. Beispiel:

404 + 406 = *Dunkelrosa*

Andere Farben werden folgendermaßen abgetönt:

Dunkelrot = 406 + 416 oder 405 + 406
Dunkelgrün = 414 + 418 oder 414 + 402 + 416
Dunkelbraun = 415 + 416 oder 416 + 418
Dunkellila = 408 + 411
Dunkelblau = 411 + 418

Mit ihren unterschiedlichen Rosatönen ist die Fuchsie ein geradezu ideales Studienobjekt.

Die Anwendung der Farben für helle Stoffe

Bevor wir nach den theoretischen Erläuterungen zu ihrer praktischen Umsetzung übergehen, seien nachstehend noch einmal die wichtigsten Regeln und Grundsätze zusammengefaßt.

Weiß (Nr. 419) erfüllt zwei Funktionen: Es hellt den Farbton auf und verhindert durch seine bindende Wirkung zugleich das Verlaufen der Farbe. Dabei sollte ein Mischungsverhältnis von 50:50 vermieden werden.

Bei der Verwendung von Gelb muß man mit Goldgelb (Nr. 402), vor allem in Kombination mit Rot und Grün, sparsam umgehen, da es leicht unschöne Ränder bildet. Dies läßt sich durch zusätzliches Beimischen von Zitronengelb (Nr. 401) verhindern.

Ein wichtiger Grundsatz beim Mischen von Farben ist, die Mengen nicht zu knapp, sondern lieber etwas großzügig zu kalkulieren. Denn es ist äußerst schwierig, den exakt gleichen Farbton ein zweites Mal herzustellen.

Beim Mischen der Farben ist zu berücksichtigen, daß sie auf dem Stoff leicht nachdunkeln und daher stets durch etwas Weiß eine Nuance heller gehalten werden sollten. Allerdings besitzen reine Farben (ohne Weiß-Anteil) den Vorteil, daß sie auf bereits bemaltem Grund nicht verlaufen.

Wasser wird nur dann hinzugefügt, wenn die Farbe sehr cremig ist und sich schlecht auftragen läßt. Dabei ist jedoch Zurückhaltung geboten, denn zu wäßrige Farbe verläuft und kann den schönsten Entwurf ruinieren.

Sobald die Farbe die richtige Konsistenz aufweist, wird sie auf einem Lappen (möglichst aus dem Stoff, auf dem sie verarbeitet werden soll) ausprobiert. Ist man mit dem Ergebnis zufrieden, so sollte man das Mischungsverhältnis und die Reihenfolge, in der die Farben beigemischt wurden, aufschreiben und die „Formel" zusammen mit dem Probelappen aufbewahren.

Den zuverlässigsten Eindruck von der Farbwirkung erhält man, wenn man die Farbe bei Tageslicht – zumindest aber nicht bei Neonlicht – mischt.

Das Mischen der Farben für dunkle Stoffe

Die für dunkle Stoffe verwendeten cremigen DEKA-Deck-Permanent lassen sich nicht so leicht mischen wie die DEKA-Permanent.

Um die gewünschte Farbwirkung zu erzielen, muß man mitunter einen zweiten Farbauftrag vornehmen. Dabei wird der Stoff jedoch häufig hart. Auch bei der Wäsche könnten Probleme entstehen, da sich die oberste

Die schlanke Tulpe bietet sich als elegantes Motiv für Schals und Tücher an.

Schicht, die nicht in die Fasern eingedrungen ist, leicht löst und somit Schattierungen oder Details verlorengehen.
Auch in diesem Fall wird die Farbwirkung auf einem Lappen (möglichst derselben Qualität, auf der später gearbeitet wird) getestet.
Durch anfängliche Mißerfolge sollte man sich keinesfalls abschrecken lassen. Nur durch Übung bekommt man hinreichende Erfahrung, um das gewünschte Resultat auch zu erzielen. Zwar liegt den diversen Farbtönen stets ein Mischverhältnis zugrunde, doch erhält man die exakte „Formel" nur durch Versuche, in denen man sich langsam seiner Vorstellung nähert und durch die man allmählich auch ein Gespür für die Farben bekommt.
Daher sollte man unbedingt einige praktische Übungen durchführen, die weit mehr nützen als die ausführlichste theoretische Abhandlung.
Für die Arbeit mit DEKA-Deck-Permanent werden im großen und ganzen die gleichen Hilfsmittel benötigt wie bei der Verwendung von DEKA-Permanent für helle Stoffe, und auch im Gebrauch ähneln sich die beiden Farbarten weitgehend.

Die Anwendung der Farben für dunkle Stoffe

Vor allem muß man die Farben in solchen Mengen mischen, daß sie für den gesamten Entwurf reichen.
Dabei sind auch in diesem Fall Pinsel oder Spatel, mit denen die Farben auf den Teller gebracht werden, zwischendurch immer wieder sorgfältig auszuwaschen, damit die Farben in den Gläsern nicht verunreinigt werden.
Da die Farben leicht austrocknen, werden die Gläser nach Gebrauch sogleich wieder fest verschlossen.
Wegen ihrer festen Konsistenz können die DEKA-Deck-Permanent nicht tropfen oder verlaufen. Auch diese Farben werden möglichst bei Tageslicht und niemals bei Neonlicht gemischt.
Auch bei gründlichstem Auswaschen in Wasser können sich zwischen den Pinselhaaren Farbreste ansammeln. Daher muß der Pinsel sofort nach Gebrauch mit kaltem Wasser und neutraler Seife ausgewaschen und sorgfältig getrocknet werden.

Die Kombination der Farben

Bei der Kombination der Farben kommt es darauf an, daß ein harmonischer und ausgewogener Gesamteindruck entsteht.

Auch die Glockenblume ist ein beliebtes Motiv in der Stoffmalerei. Kombiniert mit Margeriten und Blättern zaubert sie Frühlingsstimmung.

Daher darf die Farbwahl niemals dem Zufall überlassen bleiben, sondern muß sorgfältig überlegt sein. So darf man – um ein Beispiel zu konstruieren – ein Rosa nicht mit irgendeinem Grün kombinieren, nur weil dieses gerade übrig ist und man es nicht wegwerfen möchte. Vielmehr muß man genau abwägen, ob dieser Grünton auch wirklich zu dem Rosa paßt. Das gleiche gilt natürlich ebenso für alle anderen Farbkombinationen.

Eine harmonische Komposition bedarf einer gründlichen Überlegung, welche Farben im jeweiligen Entwurf gut zueinander passen würden. Ob man sich für zarte oder kräftige Farben, für Ton-in-Ton-Kombinationen oder für leuchtende Kontraste, für intensive oder gedämpfte Töne entscheidet, ist nicht nur eine Frage des persönlichen Geschmacks, sondern hängt darüber hinaus von der jeweiligen Gefühlslage und auch vom späteren Verwendungszweck und Umfeld des Kunstwerks ab. Die Faktoren, die die Farbgebung beeinflussen, können also vielfältiger Natur sein.

Bei der Wahl der Farben muß man in erster Linie den Kopf und das Herz, den Verstand und das Gefühl sprechen lassen. Nur dann spiegelt die Farbwirkung die Persönlichkeit, die Sensibilität, den Geschmack und das künstlerische Talent des Schöpfers wirklich wider. Natürlich sind dabei auch bestimmte Regeln zu beachten, damit ein ausgewogener und harmonischer Gesamteindruck erzielt wird.

Eines der Grundprinzipien lautet, daß die Farben, um eine flache Wirkung zu vermeiden, verschiedene Intensitäten besitzen müssen. Daher sollten helle, mittlere und dunkle Farben zur Verwendung kommen.

Hier zur Verdeutlichung dieser Theorie ein praktisches Beispiel, bei dem mit denselben Farben, in diesem Fall DEKA-Permanent, auf weißer Baumwolle eine flache und eine ausgewogene Komposition zusammengestellt wird.

Die korrekte Kombination überzeugt sofort durch ein harmonisches Gesamtbild: Der hellen Blütenfarbe ist eine helle Blattfarbe gegenübergestellt, der mittleren Blütenfarbe entspricht eine mittlere Blattfarbe und der dunklen Blütenfarbe schließlich eine dunkle Blattfarbe. Jede einzelne Farbe läßt sich nach Erfordernis in weitere Farbtöne zerlegen, wie nachstehend deutlich wird.

Bei einem pastellfarbenen Stoff können die Farben auf diesen abgestimmt sein oder auch nicht. Die Entscheidung hängt, wie bereits erwähnt, von diversen Faktoren ab. Soll die Grundfarbe berücksichtigt werden, so wird man wahrscheinlich eine klassische Ton-in-

Zart getönte Tulpen machen sich auf einer hellen wie auch auf einer kräftigen Grundfarbe gleichermaßen gut.

Die Kombination von Farben gleicher Intensität wirkt leicht flach, wie die obere Reihe deutlich macht. Eine ausgewogene Komposition ergibt sich dagegen durch die Gegenüberstellung von hellen, mittleren und dunklen Tönen (untere Farbreihe).

Ton-Komposition zusammenstellen. Hierbei kommt es nicht darauf an, daß die Farben der Blüten und Blätter möglichst wirklichkeitsgetreu sind, sondern vielmehr, daß sie ein harmonisches Gesamtbild erzeugen.

Trifft man die Farbwahl dagegen unabhängig vom Pastellgrund des Stoffes, so kann man sich allein von seinem persönlichen Geschmack leiten lassen.

Die Ackerwinde ist sehr dekorativ und als Motiv vielseitig einzusetzen.

Farbkompositionen für helle Stoffe an praktischen Beispielen

Beispiel 1:
Komposition auf rosafarbigem Grund
Zunächst eine Ton-in-Ton-Komposition auf rosafarbigem Grund.

Nun eine Komposition auf demselben Stoff mit beliebiger Farbwahl.

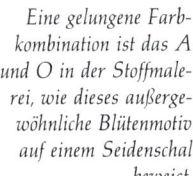

Eine gelungene Farbkombination ist das A und O in der Stoffmalerei, wie dieses außergewöhnliche Blütenmotiv auf einem Seidenschal beweist.

Durch Auswechseln der Farben einer Komposition gegen andere Farben gleicher Intensität entsteht eine andere, aber ebenso harmonische Gesamtwirkung. Hier einige Beispiele:

Blaue Variante. (Die Rosatöne wurden durch Blautöne ersetzt.)

Rosa Variante. Rosa bildet als beherrschende Farbe des Entwurfs die Ausgangsfarbe der Komposition.

Gelbe Variante. (Die Rosatöne wurden durch Gelbtöne ersetzt.)

Durch die verschiedenen Rosatöne kommt die üppige Blüte besonders hübsch zur Geltung.

Beispiel 2:
Komposition auf weißem Grund
In einer ausgewogenen Komposition ist jede Farbe mit mehreren Tönen vertreten, wobei die verschiedenen Abstufungen in einem harmonischen Verhältnis zueinander stehen.

Nun zerlegen wir die Komposition Farbe für Farbe und stellen für jede Blütenfarbe 3 Töne zusammen:

1) 401 + 402 + 419

2) 402 + 405

3) 401 + 402 + 419

1) 419 + 404 + 401

2) 404 + 419 + 401

3) 419 + 404 + 401

Kugelige Blüten, wie die des Wiesenklees, werden in Stupftechnik ausgeführt.

Zu jeder der kräftigen Blütenfarben komponieren wir 2 Grüntöne:

1) 402 + 414 + 419

2) 414 + 402 + 416

1) 419 + 414 + 416 + 418

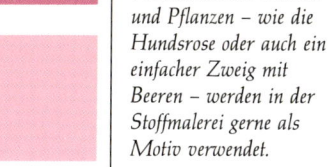

2) 414 + 419 + 416 + 418

Nun zerlegen wir weitere Blütenfarben (ebenfalls in 3 Töne):

1) 404 + 419

2) 404

3) 419 + 404

1) 419 + 411 + 408

2) 411 + 408 + 419

3) 419 + 411 + 408

Wildwachsende Blumen und Pflanzen – wie die Hundsrose oder auch ein einfacher Zweig mit Beeren – werden in der Stoffmalerei gerne als Motiv verwendet.

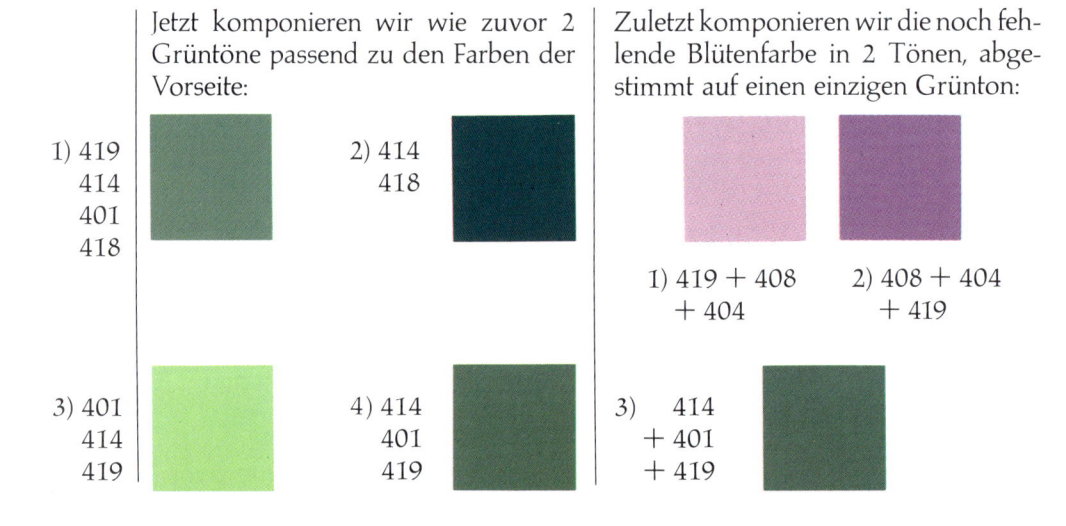

Jetzt komponieren wir wie zuvor 2 Grüntöne passend zu den Farben der Vorseite:

1) 419
   414
   401
   418

2) 414
   418

3) 401
   414
   419

4) 414
   401
   419

Zuletzt komponieren wir die noch fehlende Blütenfarbe in 2 Tönen, abgestimmt auf einen einzigen Grünton:

1) 419 + 408 + 404

2) 408 + 404 + 419

3) 414 + 401 + 419

Farbkompositionen für dunkle Stoffe an praktischen Beispielen

Beispiel 1:
Ton-in-Ton-Komposition

Bei diesem Beispiel wird ein brauner Stoff mit einem Motiv in Gelb- und Orangetönen (für die Blüten) und gedämpftem Grün (für die Blätter) bemalt. Obwohl es sich um eine Ton-in-Ton-Komposition handelt, ist die Gesamtwirkung aufgrund der Kombination leuchtender Farben auf dunklem Grund äußerst gelungen.

Bei der mittelgelben Blüte sind die Farbtöne etwas kräftiger und intensiver gehalten. Erreicht wird dies durch eine Vorgehensweise, die sich dann bewährt, wenn die Farbe nicht genügend Deckkraft und Brillanz besitzt: Man bemalt den Untergrund an der betreffenden Stelle mit reinem Deck-Weiß, läßt es trocknen und trägt dann den gewünschten Farbton auf, der aus DEKA-Permanent und etwas Deck-Weiß gemischt wird. Bei mehrschichtigem Farbauftrag auf das Gewebe leidet allerdings die Waschechtheit.

Für die dunklere Blüte mischt man den Gelbtönen etwas Hellrot (Nr. 405) bei und erhält so die gewünschten Orangetöne. Für die Blätter genügt, da es sich um nur eine Blumenart handelt, ein einziger Grünton.

Auf der gegenüberliegenden Seite ein Tuch aus Crêpe de Chine mit einem aufwendigen Blumenmotiv. Die Ton-in-Ton-Komposition basiert auf dem vereinfachten Farbschema auf Seite 34.
Unten: Auf dem dunklen Grund bilden die Margeriten einen besonders hübschen Blickfang.

Nebenstehendes Farbschema liegt dem unten rechts abgebildeten Blumenmotiv zugrunde: In der ersten Reihe die Stoffgrundfarbe Braun, in der zweiten das hellere Rosa der Knospe, in der dritten das Rosa der dunkleren Blüte, in der vierten die Töne der violetten Blüten, in der fünften schließlich die Rotnuancen und dazu in der sechsten Reihe drei leuchtende Grüntöne.

Beispiel 2:
Kontrastreiche Komposition
Diese Farben ziehen durch ihre erhöhte Leuchtkraft die Blicke unweigerlich auf sich. Auch bei dunklem Stoffgrund gilt die Regel, daß jede Farbe mit 3 Tönen vertreten sein muß.

Die Maltechnik

Die Möglichkeiten der Stoffdekoration sind vielfältig. Dabei unterscheiden sich die Techniken wie auch die Schwierigkeitsgrade zum Teil ganz erheblich voneinander. Zwar ist dieses Buch der Stoffmalerei gewidmet, doch seien der Vollständigkeit halber auch die bekanntesten der übrigen Dekorationstechniken stichwortartig vorgestellt, um dem Leser zumindest einen groben Überblick über die Vielseitigkeit dieses Hobbys zu geben.

Die bekanntesten Dekorationstechniken

Für jede der nachstehend beschriebenen Techniken empfehlen sich aufgrund ihrer überlegenen Qualität die Farben der Marke DEKA.

• *Stoffmalerei mit DEKA-Bügelfarben*
Das Motiv wird mit diesen speziellen Farben auf Papier gemalt und, nachdem die Farben getrocknet sind, auf einen synthetischen Stoff gebügelt. Nach dem Überbügeln entwickeln sie eine intensive Leuchtkraft. Sie sind licht- und waschecht, und die Geschmeidigkeit des Stoffes wird nicht beeinträchtigt.

• *Monotypie oder Glasdruck*
Bei diesem Verfahren wird die Farbe zunächst auf eine Glasplatte aufgetragen, auf die man dann den – möglichst glatten, feinen – Stoff breitet und andrückt, so daß er die Farben aufnehmen kann. Gearbeitet wird mit DEKA-Permanent für helle Stoffe und mit Deck-Permanent für dunkle Stoffe.

• *Stoffdruck mit natürlichen Matrizen*
Natürlich gewachsene, hübsch strukturierte Dinge wie Blätter, Gräser, Halme usw. werden mit DEKA-Permanent eingefärbt, auf den Stoff gelegt und angedrückt. Letzte Korrekturen lassen sich mit dem Pinsel vornehmen.

Auf der edlen Kissenhülle aus weißer Seide prangt ein herrliches Glyzinien-Motiv.

Passend zum duftigen Material dieser Sommerbluse aus Seidensatin wurde ein zartes Motiv mit Wiesenblumen und Schmetterlingen entworfen.

• *Kartoffeldruck*
Als „Druckstock" dienen Kartoffeln. Sie werden halbiert, nach Belieben zurechtgeschnitten, mit Farbe eingestrichen und auf den Stoff gepreßt. Auch Holz-, Linoleum- oder Korkstempel eignen sich für diese Technik. Gearbeitet wird mit DEKA-Permanent.

• *Schablonieren und Aufsprühen*
Aus steifem Papier oder Karton wird eine Schablone ausgeschnitten. Man legt sie auf den Stoff und füllt das Motiv mit DEKA-Permanent oder DEKA-Deck-Permanent aus. Hierzu kann man sich zum Beispiel eines Pinsels bedienen, mit dem man flächig malt oder stupft, oder auch einen Parfumzerstäuber einsetzen, mit dem die wasserverdünnte DEKA-Permanent aufgesprüht wird.

• *Seidenmalerei mit Gutta*
Gutta ist eine reservierende (fließstoppende) Substanz, die als Umgrenzung der Farbflächen mit der Nadel oder Pipette auf den Stoff – feine bis mittelfeine Seide – aufgetragen wird. Die Flächen werden mit einem feinen Pinsel oder, wenn sie größer sind, mit Hilfe eines getränkten Wattebausches ausgefüllt. Als Farbe kommen DEKA-Silk und DEKA-Konturmittel zur Verwendung.

• *Aquarellieren*
Für das „Spiel" mit Farben und Wasser eignen sich besonders Seide und Baumwolle. Die Farben – möglichst DEKA-Silk – werden mit dem Pinsel aufgetragen und im feuchten Zustand mit einem Wattestäbchen ausgerieben. Interessante Effekte erzielt man auch durch Bemalen des angefeuchteten Stoffes mit einem nassen Pinsel.

• *Salztechnik*
Eine mit DEKA-Silk bemalte Fläche wird, solange die Farbe noch feucht ist, mit grobem Salz (DEKA-Effektsalz) bestreut. Da Salz feuchtigkeitsbindend ist, saugt es stellenweise die Farbe auf, wodurch ein aparter Koralleneffekt entsteht.

• *Batik*
Bei dieser besonderen und recht aufwendigen Technik werden Flächen, die man nicht gefärbt haben will, mit Wachs überzogen, bevor man das Stoffstück in ein Färbebad taucht. Zum Schluß wird das Wachs wieder entfernt.

• *Malen mit dem Pinsel*
Linien, Flächen und Schattierungen werden mit dem Pinsel und mit DEKA-Permanent, DEKA-Deck-Permanent oder DEKA-Permanent-Metallics ausgeführt. Für diese Technik eignen sich helle wie dunkle Stoffe aus Naturfasern.

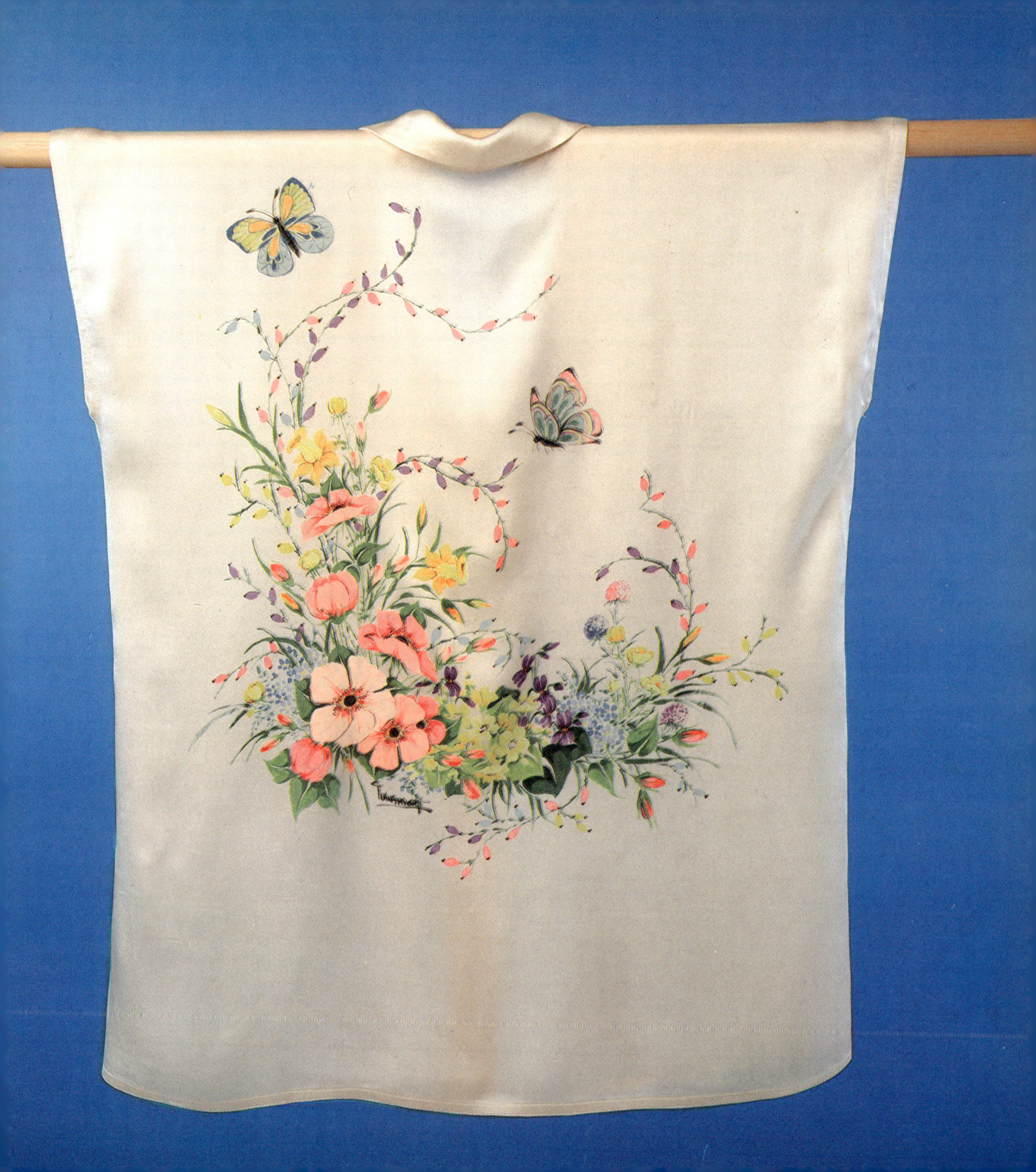

Blumenmotive

Unter allen genannten Techniken stellt das Malen mit dem Pinsel wohl die höchsten Anforderungen an die Kreativität. Nichts bleibt dem Zufall überlassen, sondern das Motiv wird bis ins letzte Detail vom Künstler selbst gestaltet. Gerade aus diesem Grund aber verspricht diese Technik auch die schönsten Erfolgserlebnisse.

Ein weiterer erfreulicher Aspekt ist die intensive Beschäftigung mit der Natur, die die Wahl solcher Motive zwangsläufig mit sich bringt. Seit jeher erfreuen sich Blumen bei den Künstlern in aller Herren Länder als gestalterisches Element größter Beliebtheit. Darüber hinaus sind sie ein anregendes Objekt für die Auseinandersetzung mit Formen und Farben. Dies gilt im übrigen genauso für Früchte, Tiere und Landschaften, die ganze Natur also.

Blumen sind nur ein Teil der mannigfaltigen Motive, zu denen die Natur den aufmerksamen Betrachter inspiriert. Ein jeder kann sich aus dem breiten Themenspektrum das aussuchen, was ihn am ehesten anspricht. Dabei gehören die Blumenmotive zu den künstlerischen Ausdrucksmitteln, denen wir zahlreiche Meisterwerke großer Maler verdanken. Man unterläge daher einem großen Irrtum, würde man diesen Bereich der Malerei als

läppischen, typisch weiblichen Zeitvertreib abtun.
Die Beschäftigung mit der Natur erschließt dem Beobachter also eine Vielzahl gestalterischer Möglichkeiten und eine unendlich breite Farbpalette. Sie bietet somit das ideale Terrain, um den Blick für Schönes zu schärfen und die eigene künstlerische Ader zu entdecken und zu schulen. Und wer sich nicht imstande fühlt, direkt nach der Natur zu malen, kann auch woanders fündig werden.
Zeitschriften beispielsweise enthalten oftmals herrliche Blumen- und Pflanzenphotographien. Mit ihnen kann man sich einen ergiebigen Fundus zusammenstellen, der jederzeit zur Verfügung steht, um immer wieder andere Motive zu kreieren.

Der Gebrauch des Pinsels

Nach all diesen theoretischen Vorbemerkungen ist der Wunsch, nun endlich zur Tat zu schreiten, nur zu verständlich. Doch gut Ding will Weile haben. Es wäre falsch, blindlings loszustürzen und dabei aus den Augen zu verlieren, wie wichtig eine gründliche Vorbereitung ist. Geduld, Beständigkeit und Methode sind die unerläßliche Voraussetzung für den Erfolg.
So muß man sich, wie schon erwähnt, kontinuierlich mit den Farben befassen, neue Töne mischen und immer wieder andere Kombinationen ausprobieren, um im Laufe der Zeit die notwendige Sicherheit im Umgang mit diesem Medium zu erwerben.
Dasselbe gilt für die Handhabung des Pinsels. Man kann nicht mit der Arbeit beginnen, ohne zuvor gelernt zu haben, wie man den Pinsel hält und führt, wie die Farben richtig aufgetragen und Schattierungen gesetzt werden. Der Pinsel muß schließlich mit der gleichen Selbstverständlichkeit gehandhabt werden, mit der man den Bleistift benutzt.
Und wie ein Stift liegt er auch in der Hand: das heißt, man hält ihn mit Daumen und Zeigefinger in der Mitte der Metallzwinge, wobei er gleichzeitig vom Mittelfinger gestützt wird. Natürlich läßt sich diese Haltung nach Belieben auch abwandeln.
Unterarm und Handgelenk ruhen auf der Arbeitsfläche. Die Hand vollführt leichte und sichere, keinesfalls aber steife Bewegungen, die von Arm und Ellbogen ausgehen, während die Finger den Pinsel lediglich halten.
Vor dem ersten Gebrauch wird der Pinsel gründlich im Wasserglas ausgewaschen. Anschließend streicht man mit der Spitze über einen Lappen, um letzte Klebstoffreste zu entfernen. Der Pinsel muß leicht feucht bleiben.

Geradezu ein Kunstwerk ist dieses eindrucksvolle Kranichbild, das ein Leinenkleid schmückt. (Entwurf von Jacqueline Najman).

DIE MALTECHNIK

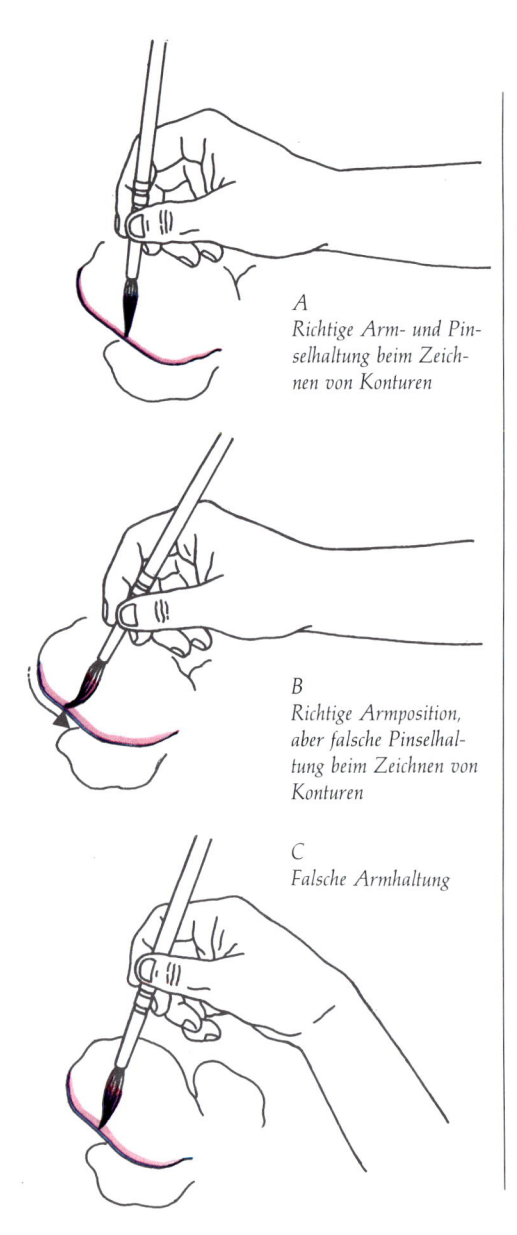

A
Richtige Arm- und Pinselhaltung beim Zeichnen von Konturen

B
Richtige Armposition, aber falsche Pinselhaltung beim Zeichnen von Konturen

C
Falsche Armhaltung

Um dünne Linien zu erhalten, wird der Pinsel beim Zeichnen von Konturen beinahe senkrecht und nur mit der Spitze aufgesetzt. Es wird der feine Pinsel verwendet.

Das flächige Ausmalen erfolgt mit einem mittelstarken oder starken Pinsel. Er wird wie beim Konturenmalen gefaßt, jedoch schräger gehalten, so daß die Haare mehr aufliegen und die Farbe besser verteilen können.

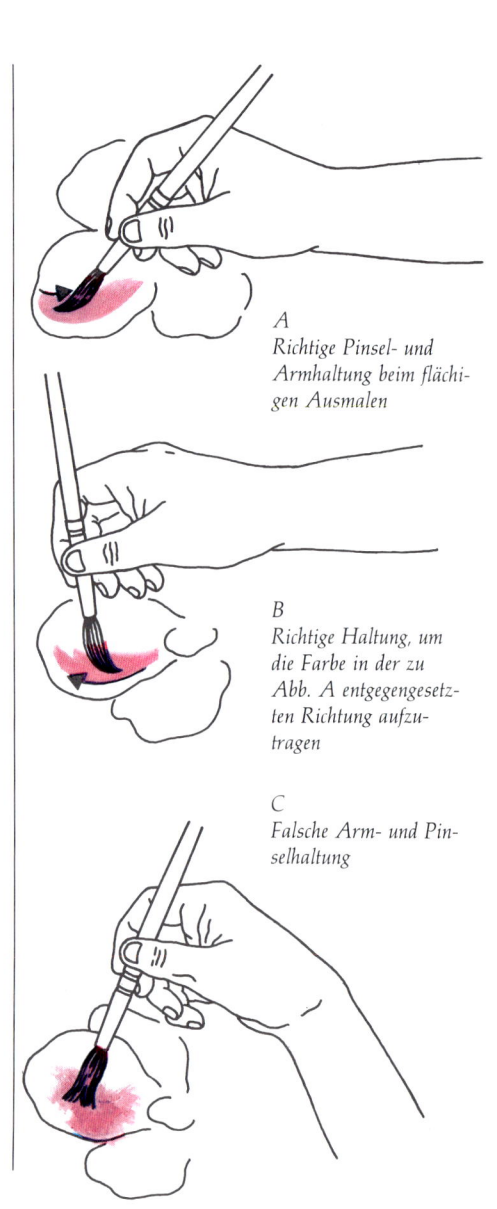

A
Richtige Pinsel- und Armhaltung beim flächigen Ausmalen

B
Richtige Haltung, um die Farbe in der zu Abb. A entgegengesetzten Richtung aufzutragen

C
Falsche Arm- und Pinselhaltung

Nun folgt eine erste Übung – vorerst noch ohne Farbe.
Man ergreift den Pinsel, wie auf Seite 44 illustriert, und versucht, auf glattem, straff gespanntem Stoff feine Linien zu ziehen.
Diese erste „Tuchfühlung" mit dem Pinsel ist äußerst wichtig, denn schließlich ist er an dem Kunstwerk unmittelbar beteiligt. Auf der anderen Seite ist er aber nur bedingt für Fehler und Mißerfolge verantwortlich zu machen.
Der Pinsel ist ein empfindliches Werkzeug, das entsprechend sorgfältig behandelt wird. Er darf nicht zu lange im Wasser stehen, da sich die Haare dabei unter Umständen unwiderruflich krümmen. Nach Abschluß der Arbeiten wird er gründlich gewaschen, denn eingetrocknete Farbreste zwischen den Haaren machen ihn unbrauchbar. Und noch ein letzter Hinweis: Mit einem vollgesogenen Pinsel kann man ebensowenig sauber arbeiten wie mit einem verschmutzten Griff.

Nach diesen Vorbemerkungen gehen wir nun zu den praktischen Übungen mit Pinsel und Farbe über. Dabei wird der feinste Pinsel verwendet und, um zarte Linien zu erhalten, ausschließlich mit der Spitze gearbeitet.

Praktische Übungen mit dem Pinsel

Für die Übungen wird zunächst ein mittelheller Farbton aus einer beliebigen reinen Farbe (außer Gelb, das sich gegen einen weißen Grund nicht deutlich abzeichnet) und Weiß (Nr. 419) gemischt. Ob die Farbe den gewünschten Ton und die richtige Konsistenz besitzt, läßt sich durch einige Striche auf dem Probelappen feststellen. Der Pinsel muß leicht über das Gewebe gleiten, und es muß eine feine Linie entstehen. Ist die Farbe noch zu cremig, so

A
Beim Aufnehmen der Farbe wird der Pinsel mehrfach um die eigene Achse gedreht.

B
Die Spitze muß bis zur markierten Höhe mit Farbe getränkt sein.

C
Mit einem bis oben vollgesogenen oder am Griff beschmierten Pinsel läßt sich nicht sauber arbeiten.

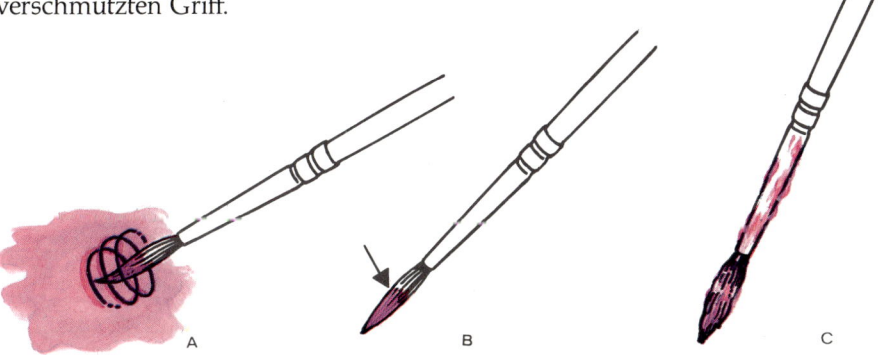

wird sie mit einigen Tropfen Wasser verdünnt und erneut vermischt. Nach der Probe wird der Pinsel gründlich ausgewaschen und zum Trocknen durch einen Lappen gezogen. Nun taucht man ihn mit der Spitze in die Farbmischung und dreht ihn dabei um die eigene Achse, so daß gerade die richtige Farbmenge aufgenommen wird und der Spitzenschluß gewahrt bleibt. Der Pinsel darf auf keinen Fall bis zur Zwinge mit Farbe vollgesogen sein.

Das Zeichnen von Linien

Um mehrere senkrechte Linien nebeneinander zu ziehen, arbeitet man von oben nach unten und von links nach rechts. Der Pinsel wird innerhalb der Linie möglichst nicht abgesetzt, sondern gleichmäßig über den Stoff geführt.
Auch waagerechte Linien werden von links nach rechts gezogen. Dabei ist auf die richtige Handhaltung und eine gleichmäßige Bewegung zu achten.

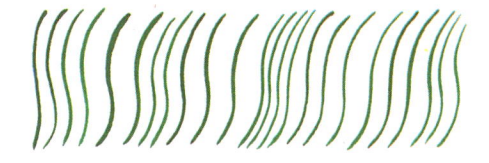

Gekrümmte Linien werden ebenfalls von oben nach unten und von links nach rechts gezogen.

• *Beispiele für fehlerhafte Linien*
Linien sollen kontinuierlich verlaufen und nicht gestrichelt aussehen. Wenn der Pinsel keine Farbe mehr hergibt, wird er kurz eingetaucht und die unterbrochene Linie, möglichst ohne sichtbaren Übergang, vollendet.

Linien sollen parallel verlaufen. Sie werden mit der Pinselspitze gezogen, wobei der Pinsel nicht zu stark mit Farbe vollgesogen sein darf.

Diese kurvigen Linien wirken zu unregelmäßig: manche sind unterbrochen, andere zu dick. Die gekonnte Pinselführung wirkt sicher, aber nicht steif.

Das Zeichnen von Konturen

Die Konturen eines Blütenblattes werden ebenfalls mit der Pinselspitze gezogen, wobei man die Richtung der Pfeile auf den Abbildungen A, B und C befolgt. Bei Abbildung C ist die Form anders ausgerichtet, daher wird von unten nach oben gearbeitet.

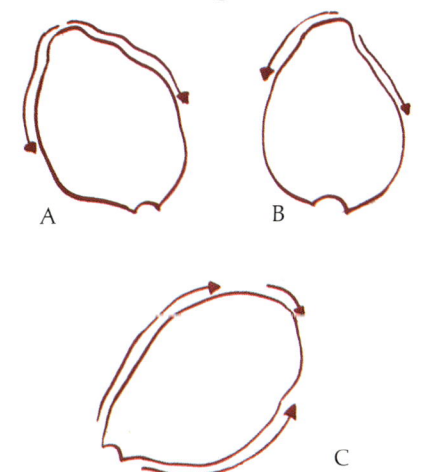

Wie wird nun ein gezacktes Blatt gezeichnet?

Auch in diesem Fall wird nur mit der Pinselspitze gearbeitet. Man zieht einen aufwärts gerichteten Bogen bis zum ersten X. Von dort zeichnet man eine kurze Linie schräg nach unten (beinahe wie ein Komma) und setzt dann zum nächsten Bogen bis zum zweiten X an. Auf diese Weise zeichnet man erst den einen und dann den anderen Blattrand bis zur Spitze, wobei man stets die Pfeilrichtung befolgt. Zuletzt wird, ebenfalls von unten nach oben, die Mittelrippe gezeichnet, die sich, der Blattform entsprechend, nach oben verjüngt.

● *Beispiele für fehlerhafte Konturen*
Die Kontur darf nicht gestrichelt wirken, sondern muß kontinuierlich vom Punkt X zum Punkt Y verlaufen. Der Ansatz der zweiten von Punkt Y ausgehenden Linie sollte nicht als solcher erkennbar sein.

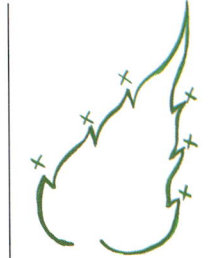

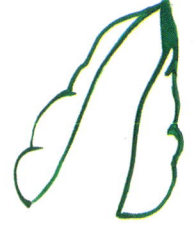

Links: Die Blattzahnung ist zu rundlich. Die Mittelrippe darf nicht zu breit sein und muß außerdem der Blattform folgen, sich also zur Spitze hin immer weiter verjüngen. Bei diesem Beispiel wurde die angegebene Pfeilrichtung nicht eingehalten.

Das Ausmalen von Flächen

Der nächste Schritt im Erlernen der Maltechnik ist das Ausmalen von Flächen. Um es zu üben, bietet sich die Blattform an.
Die Konturen werden in einem sehr hellen Grün gezeichnet, das aus Weiß (Nr. 419), etwas Dunkelgrün (Nr. 414) und Zitronengelb (Nr. 401) gemischt wird. Gearbeitet wird mit dem feinen Pinsel unter Berücksichtigung der Hinweise auf den Seiten 44 bis 45 (Abbildung A). Durch Intensivieren der Konturenfarbe um zwei Nuancen erhält man die Farbe für die Blattfläche. Auch zum Ausmalen kann der feine Pinsel verwendet werden. Man arbeitet, auf der linken Hälfte beginnend, von unten nach oben und fährt zunächst an den äußeren Konturen entlang (Abbildung B). Um auf jeden Fall zu vermeiden, daß die Farbe über den Rand verläuft, setzt man den ersten leichten Pinselstrich in etwas Abstand von der Konturenlinie. So erfährt man, wie die

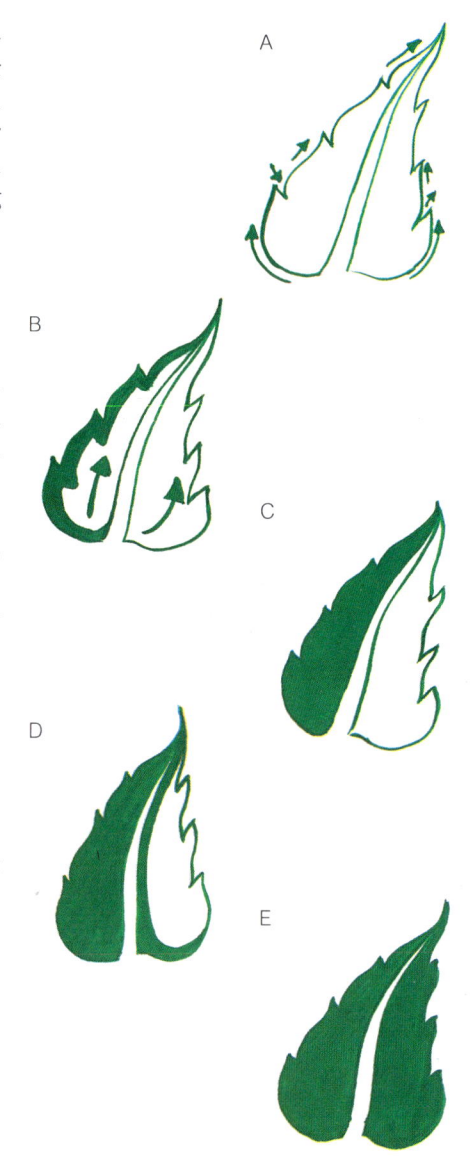

Farbe sich verhält und kann entsprechend weiterarbeiten. Auch die Konturenlinie sollte nach Möglichkeit fein übermalt werden.

Anschließend wird die Blattfläche mit regelmäßigen Pinselstrichen bis zur Mittelrippe gefüllt (Abbildung C). Um einen gleichmäßigen Farbauftrag zu erzielen, muß man dem Stoff etwas Zeit lassen, die Farbe aufzunehmen.

Nun wird die zweite Blatthälfte von der Mitte ausgehend und von unten nach oben ausgefüllt. Dabei behält die Mittelrippe die Grundfarbe (Abbildung D). Wenn das ganze Blatt ausgefüllt ist (Abbildung E), kann man letzte leichte Korrekturen anbringen. Dies muß jedoch geschehen, solange die Farbe noch nicht getrocknet ist. Ansonsten muß ein zweiter Farbauftrag über die gesamte Fläche erfolgen (Vorsicht: Waschechtheit!). Nun kann das Blatt schattiert werden (siehe Kapitel „Schattierung und Äderung", Seite 56).

• *Beispiel für fehlerhaften Farbauftrag*
Eine genaue Analyse der Fehler hilft, sie in Zukunft zu vermeiden. Daher einige Erläuterungen zu dem hier abgebildeten fehlerhaften Beispiel.

Am deutlichsten fällt der ungleichmäßige Farbauftrag ins Auge, der leicht entsteht, wenn an der bereits angetrockneten Farbe Korrekturen vorgenommen werden.

Fehlerhaft ist auch die zu dunkle Kontur, die dem Blatt eine unnatürliche Härte verleiht.

Wenn die Mischung zu wäßrig oder der Pinsel zu stark getränkt ist, kann die Farbe leicht über die Ränder hinauslaufen. Um dies auf jeden Fall zu vermeiden, setzt man den ersten Pinselstrich in kleinem Abstand zur Kontur. Erst wenn man sicher ist, daß die Farbe nicht verläuft, wird die Fläche bis an oder möglichst sogar bis auf die Linie gefüllt. Reicht die Farbe nicht aus, um eine ganze Fläche zu füllen, so bleibt einem nichts anderes übrig, als die Farbe neu zu mischen und die gesamte Fläche ein zweites Mal zu übermalen (Vorsicht: Waschechtheit!). Ist dagegen eine Blatthälfte bereits ganz ausgefüllt, so mischt man die Farbe möglichst exakt nach und malt damit nur die zweite Blatthälfte aus.

Die Blattäderung

Ein Blatt muß nicht unbedingt flächig ausgemalt werden. Man kann seine

Links ein Beispiel für einen mißlungenen Farbauftrag. Unten ein Blatt mit korrekt ausgeführter Äderung.

Form auch nur durch die Äderung akzentuieren, die in einem dunklen Farbton mit dem feinen Konturenpinsel gezeichnet wird (Abbildung A rechts).
Unabdingbare Voraussetzung für diese Maltechnik sind jedoch ein sicherer und feiner Pinselstrich sowie absolute Sorgfalt bei der Arbeit.
Die Äderung bietet sich besonders dann als Alternative an, wenn das flächige Ausmalen aller Blattflächen einen zu kompakten, schweren Gesamteindruck entstehen lassen würde.
Alle Blattformen eignen sich für diese Art der Dekoration.
Die Äderung wird in derselben Farbe gezeichnet, die auch für die Konturen verwendet wurde. Die Linien müssen aufwärts streben (siehe Abbildung oben links). Sie können hier und da unterbrochen sein, müssen jedoch unbedingt bis an den Rand durchgezogen werden.

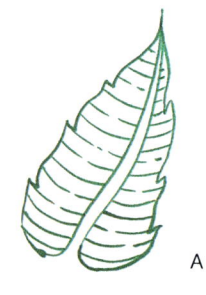

• *Beispiele für fehlerhafte Äderung*
Die Beispiele A bis C machen einige der häufigsten Fehler beim Zeichnen der Blattäderung deutlich.
Das linke Blatt (Abbildung A) wirkt durch die beinahe waagerechten Linien statisch.
Beim zweiten Blatt (Abbildung B) ist die Äderung auf der linken Blatthälfte korrekt ausgeführt, in der rechten Hälfte dagegen ist die Richtung der Linien falsch.
Die Adern des dritten Blattes (Abbildung C) schließlich sind nicht bis zum Rand durchgezogen und müßten auch etwas enger gesetzt sein. Darüber hinaus sind die Linien der rechten Blatthälfte zu steil.

Das Ausfüllen eines Blütenblattes

Zunächst wird eine beliebige Farbe (anfangs jedoch kein Gelbton) gemischt, mit der man mit Hilfe des feinen Pinsels die Konturen zieht.
Nun werden die Konturen mit der um zwei Nuancen nachgedunkelten Farbe und dem mittelfeinen Pinsel ausgefüllt, wie auf Seite 48 beschrieben. Das heißt, man arbeitet von unten nach oben und malt die Fläche, am linken Rand beginnend, mit gleichmäßigen Pinselstrichen aus (Abbildung A oben rechts).

Beim Malen einer ganzen Blütenkrone in einer einzigen Farbe läßt man zwischen den einzelnen Blütenblättern möglichst einen schmalen Streifen frei, um die Konturen anzudeuten und die Darstellung zu strukturieren. Nicht nur bei einem einzelnen Blütenblatt, sondern auch bei einer ganzen Blütenkrone wird von links nach rechts gearbeitet (siehe Abbildung B rechts), damit die Hand sich nicht auf die noch feuchte Farbe stützen muß. Für eventuelle Korrekturen wie auch für den Fall, daß die Farbe nicht reicht, gilt das im Abschnitt „Das Ausfüllen der Konturen", Seite 49, Gesagte.

● *Beispiel für fehlerhaften Farbauftrag*
Nebenstehende Abbildung läßt folgende Fehler erkennen: Die Konturen sind zu dunkel, wodurch eine „schmutzige" und harte Wirkung entsteht. Die ungleichmäßige Farbwirkung läßt darauf schließen, daß die Farbe zu hastig aufgetragen wurde. Die Farbe ist nicht überall richtig ins Gewebe eingedrungen, so daß an manchen Stellen die Grundfarbe durchschimmert. Korrigieren läßt sich dieser Fehler nur durch einen zweiten Farbauftrag (Vorsicht: Waschechtheit!). Die Konturen sollten stets mit übermalt werden. Bei der Blütenkrone fehlt der schmale freie Streifen zwischen den einzelnen Blättern, was eine konturlose Gesamtwirkung erzeugt. Der Blütenstempel wird zunächst ausgespart, bis die Schattierung vollendet ist.
Um ein gleichmäßiges Gesamtbild zu erzielen, wird die Konsistenz der Farbe während des Malens immer wieder überprüft und die Richtung der Pinselführung zwischendurch nicht geändert.

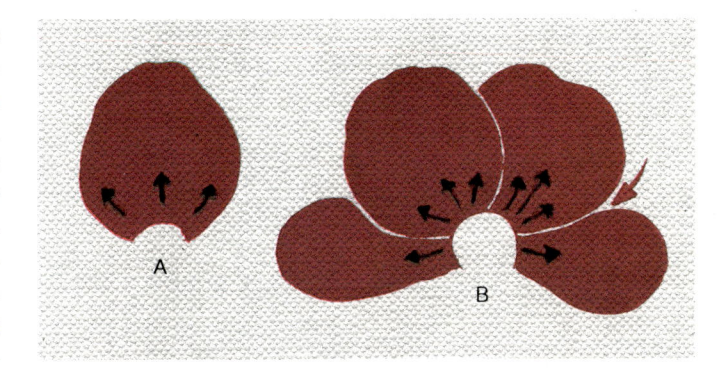

Oben ein Beispiel für einen perfekten Farbauftrag, unten ein mißlungenes Beispiel des gleichen Motivs. Gegenüberliegende Seite: Oben links eine korrekt ausgeführte Äderung, unten drei fehlerhafte Beispiele.

Die Darstellung umgebogener Blütenblätter

Umgebogene Blütenblätter oder ihre Unterseiten werden in einem etwas helleren Ton als die übrige Blüte ausgefüllt (siehe Abbildung A und B, Seite 52).
Wichtig ist, wie gesagt, daß zur Abgrenzung zwischen zwei gleichfarbigen Blütenblättern ein schmaler Streifen ausgespart wird. Dies erübrigt sich, wenn die Hauptfarbe mit einer dunkleren oder helleren Nuance zusammentrifft.

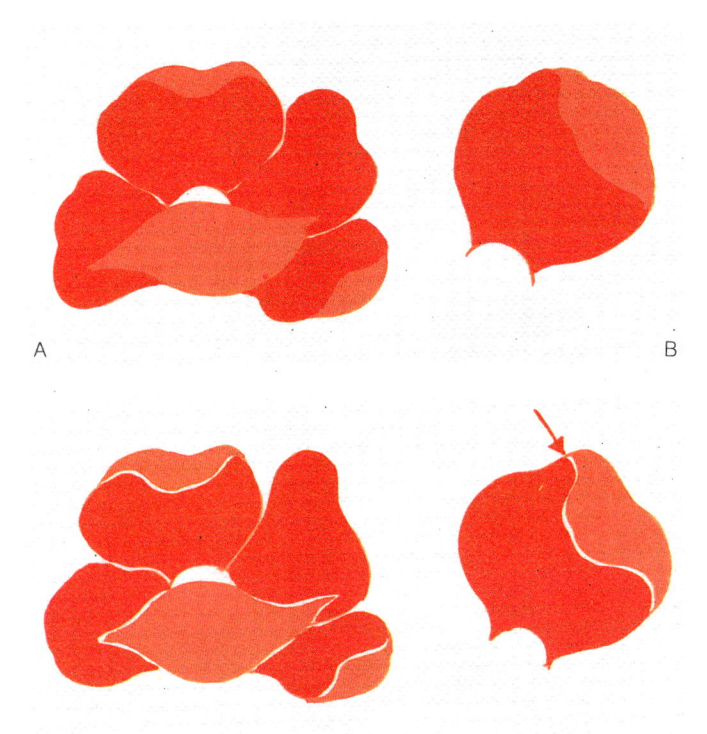

• *Beispiele für fehlerhaft dargestellte Blütenblätter*
Obige Abbildung zeigt ein Beispiel für den fehlerhaften Einsatz weißer Konturenlinien: Die Blütenblätter sind verschiedenfarbig, so daß die Linien überflüssig sind.

Kolorierung eines Motivs

Nach den bisherigen Vorübungen sind wir nun in der Lage, ein kleines, aus Blättern und Blüten bestehendes Motiv zu kolorieren (Seite 53 links). Wer sich nicht zutraut, das Motiv frei zu malen, geht nach der Anleitung auf Seite 65 vor.
Es wurde an früherer Stelle bereits erwähnt, daß jede flächig angewandte Farbe durch 3 Töne – hell, mittel und dunkel – vertreten sein muß.
In diesem Fall werden Rosa und Grün verwendet. Mit Hellrosa (Nrn. 404 + 419) wird die große Blüte konturiert und anschließend ausgemalt (A). Nun werden die Konturen und Flächen der mittleren Blüte (B) mit Ausnahme des umgebogenen Blütenblattes gezeichnet, das hell dargestellt wird. Schließ-

Der kleine Strauß links wurde in hellen, mittleren und dunklen Farbtönen koloriert. Auch bei den Hortensienblüten rechts wurden drei verschiedene Töne verwendet.

Gegenüberliegende Seite: Oben ein Beispiel für eine richtige und unten für eine falsche Kolorierung.

lich wird die kleinste Blüte (C) dunkel konturiert. Das mittlere Blütenblatt wird mit dunkler Farbe ausgefüllt und anschließend mit Rosa (Nr. 404) und dazu einem Hauch Karmin (Nr. 406) vollendet. Die Knospen werden in drei verschiedenen Farben ausgeführt, was die Komposition lebendiger macht. Zuletzt werden die Blütenmitten mit Schwarz (Nr. 418) ausgefüllt.
Nach demselben Prinzip werden die Blätter gemalt: mit Hellgrün (Nrn. 419 + 414 + 401) die größeren, mit dem ganz dunklen Grün die kleinen Blätter, Stiele und Blütenkelche.

Im folgenden Kapitel lernen wir, wie man Blüten und Blätter schattiert und damit der Darstellung Plastizität verleiht. Doch schon die Farbaufteilung trägt hierzu in wesentlichem Maße bei. Viele Pflanzen bringen keine schlichte Einzelblüte, sondern, wie zum Beispiel Hortensie, Glyzinie und Mimose, Blütenstände hervor oder bezaubern durch sehr üppige Blüten (Pfingstrose, Margerite). In beiden Fällen muß man bei der Farbaufteilung nicht nur den Gesamtentwurf in Betracht ziehen, sondern außerdem jede einzelne Blüte beziehungsweise jeden Blütenstand bewußt gestalten.

Dies wird anhand obiger Abbildung (rechts) deutlich. Die Blüten sind in drei Farbtönen koloriert, wobei jeweils einer der drei Töne dominiert, während die beiden anderen in einem ausgewogenen Verhältnis zueinander stehen: Beim untersten Blütenstand (A) dominiert Hellblau, in der Mitte (B) Mittelblau und ganz oben (C) Dunkelblau. (Gemischt wurden die Farben aus den Nrn. 419 + 411). Entsprechend sind auch die Grüntöne angeordnet.

Zusammenfassung

– Jede verwendete Farbe ist mit 3 Tönen vertreten: hell, mittel und dunkel.
– Größere Blüten und Blätter sollten, auch wenn sie sich nicht im Vordergrund befinden, hell koloriert werden.
– Die Unterseiten der Blütenblätter sind stets eine Nuance heller als die übrige Blüte.
– Begonnen wird stets mit der hellsten Blüte, die ganz fertiggestellt wird, bevor man zur mittleren und schließlich zur dunklen Farbe übergeht. Erst wenn alle Blüten gemalt sind, wendet man sich den Blättern zu.

– Beim Mischen der Farben sind die Mengen großzügig zu kalkulieren.
– Die Konsistenz der Farbe ist von entscheidender Bedeutung. Insbesondere, wenn man einen neuen Stoff bemalt, sollte man Weiß (Nr. 419) beimischen, um ein Verlaufen der Farbe zu vermeiden (Vorsicht: Mischungsverhältnis 50:50 vermeiden).
– Bevor man mit einer neu gemischten Farbe zu malen beginnt, sollte man auf einem Probelappen (möglichst derselben Qualität, auf der auch gearbeitet wird) ihre Farbwirkung und Konsistenz überprüfen.
– Beim Ausfüllen umrandeter Flächen werden auch die Konturen übermalt, um der Darstellung die Härte zu nehmen und ihr insgesamt eine gefälligere Wirkung zu verleihen.
– Die Farbe wird mit gleichmäßigen Pinselstrichen aufgetragen, die stets in derselben Richtung und nicht zu hastig ausgeführt werden, damit die Farbe richtig ins Gewebe eindringen kann.

Gegenüberliegende Seite: Auch bei diesem Seidentuch wurde das Prinzip der drei Farbtöne beachtet.

Eine gefüllte Blüte in Rosatönen.

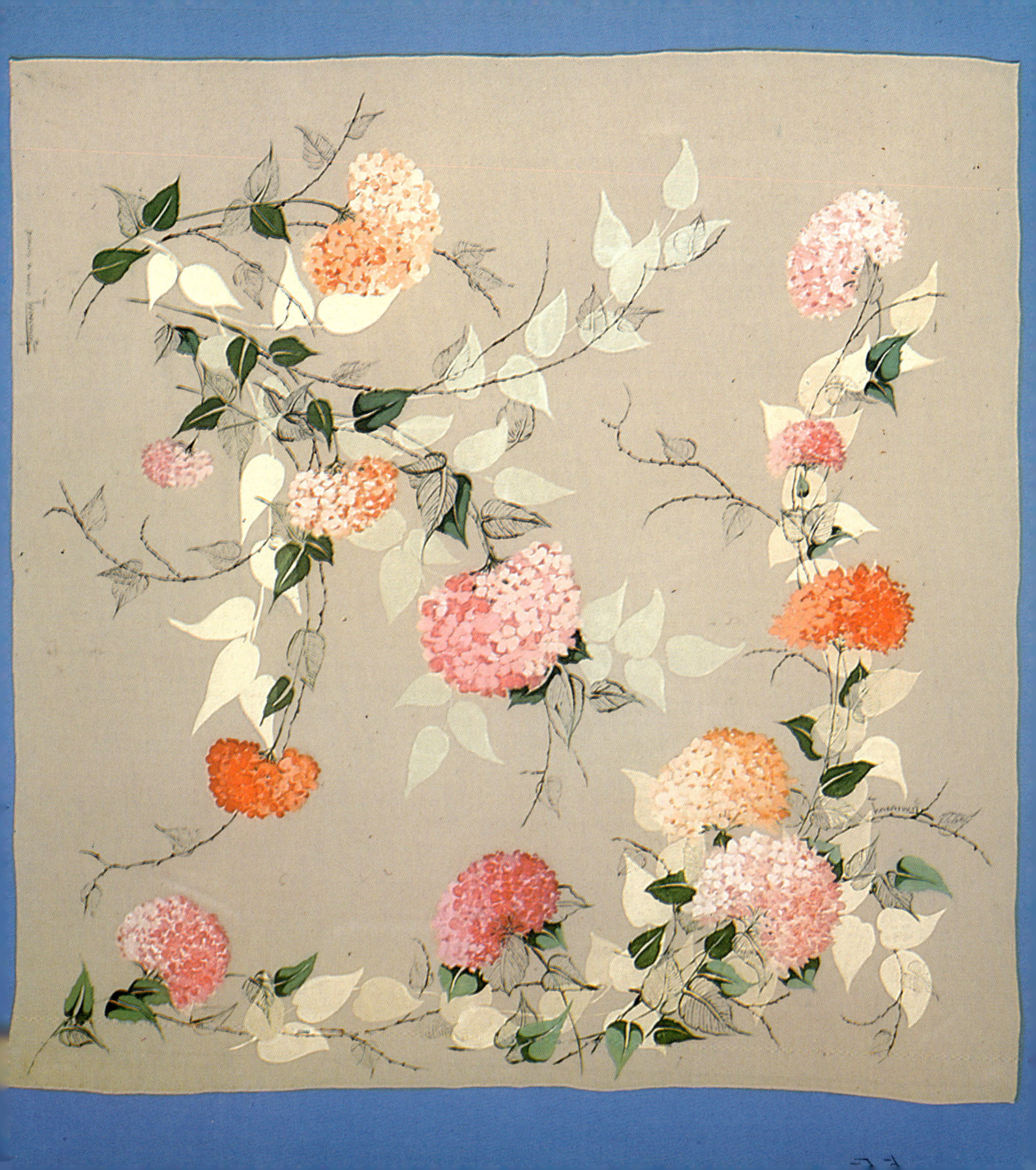

Schattierung und Äderung

Die Technik der Schattierung und Äderung

Werden Motive nur flächig ausgemalt, wirken die meisten leblos und flach. Durch die Schattierung aber erhalten die Darstellungen Tiefe, wirken sie weich und natürlich.

Diese Technik verwendet man als Alternative zur Äderung oder in Kombination mit ihr. Beide werden ganz zum Schluß ausgeführt, nachdem alle Farben aufgetragen sind, wobei gerade in dieser letzten, entscheidenden Phase nichts dem Zufall überlassen sein darf. Die beste Vorbereitung für diese Maltechnik besteht darin, die natürliche Schattenwirkung an Pflanzen und Blüten zu studieren. Dabei bieten sich, wie auch schon bei der Motivsuche, neben dem „lebenden Objekt" ebenso Abbildungen aus Fachzeitschriften und Büchern an.

Da der bereits bemalte Grund ein Verlaufen der Farben verhindert, kann man für die Schattierung und Äderung reine DEKA-Permanent verwenden.

Dabei erzielt man die besten Ergebnisse im allgemeinen durch Überlagerung von mindestens zwei Schattie-

Tulpen und Iris auf einem edlen Schal aus Crêpe de Chine.

rungen (beziehungsweise Äderungen) in fein abgestuften Tönen. Ein zu deutlicher Kontrast zwischen Grundfarbe und Schattierung würde unnatürlich wirken.

Die erste Schattierung oder Äderung muß zwei Töne dunkler als die Grundfarbe sein. Für den zweiten Arbeitsgang verwendet man in der Regel die reine Farbe. Schattierung und Äderung dürfen niemals heller als die Grundfarbe sein. Erst ganz zuletzt werden die Lichter mit Weiß (Nr. 419) gesetzt.

Nachdem die Blütenblätter vollendet sind, werden schließlich der Blütenstempel, die Staubblätter und die Blütenstiele koloriert.

Für die Schattierung oder Äderung der Blätter gelten die gleichen Prinzipien wie für die der Blüten.

Bevor wir nun zur Praxis übergehen, sei noch einmal darauf hingewiesen, daß die Beherrschung der Technik nur durch aufmerksame Betrachtung, die Beachtung des Details und natürlich regelmäßiges Üben erreicht werden kann.

Ein kleiner Kunstgriff kann besonders in der Lernphase hilfreich sein. Er besteht darin, das Motiv zunächst auf Papier zu malen und darauf mit Bleistift die Schattierung und Äderung zu skizzieren.

Auf diese Weise kann man beliebige Korrekturen vornehmen, bis jede Ader und jeder Schatten auch wirklich zur Blüte oder zum Blatt wie auch zum Gesamtentwurf paßt.

Obwohl man Schattierung und Äderung häufig kombiniert, werden sie der besseren Übersicht halber in getrennten Abschnitten behandelt. Nachdem man sich mit beiden Techniken hinreichend vertraut gemacht hat, kann man sie nach Belieben einzeln oder zusammen einsetzen.

Die gemalte Schattierung

Bevor mit der Ausführung der Schattierung begonnen wird, muß zum einen die Anordnung der Schatten genau feststehen, zum anderen muß die Grundfarbe völlig getrocknet sein. Man mischt die Grundfarbe, jedoch zwei Töne dunkler. In diesem Fall verwendet man:
– für die Blüte 405 + 401 + 419,
– für die Blätter 401 + 414 + 419.
Mit der Pinselspitze nimmt man etwas Farbe auf und trägt sie am Punkt A (Abbildung 1 oben, Seite 58) auf. Der Pinsel wird gewaschen und trockengetupft, wobei er jedoch etwas feucht bleiben muß. Man verstreicht die Farbe, bevor sie trocknet, zügig nach oben, bis sie sich verliert, spart dabei jedoch den für das Licht vorgesehenen Be-

Dieselbe Blüte, dreimal anders schattiert

Blüte A = verlaufende Schattierung
Blüte B = Äderung
Blüte C = verlaufende Schattierung + Äderung.

Bei den Blüten B und C wurde die zweite Schattierung mit Rosa (Nr. 404) und dazu etwas Karmin (Nr. 406) gemalt.

SCHATTIERUNG UND ÄDERUNG

In Abb. 1 ist eine Tulpe mit den entsprechenden Markierungen für eine korrekte Kolorierung skizziert.
Abb. 2 zeigt die Tulpe nach dem flächigen Ausmalen, Abb. 3 nach dem Schattieren.
Falls das „Licht" auf der Blüte nicht deutlich genug hervortritt, gibt man an die betreffende Stelle mit der Pinselspitze etwas orange abgetöntes Weiß und verteilt dieses mit dem gewaschenen und noch feuchten Pinsel kreisförmig, bis ein sanfter Farbübergang entsteht.

reich aus. Bei den Blättern geht man genauso vor.
Die Arbeit muß, wie gesagt, zügig vonstatten gehen, damit keine Flecken entstehen. Die Pinselstriche erfolgen in der markierten Pfeilrichtung.
Zwar eignet sich diese Schattierungstechnik für alle Blumen – besonders für solche mit üppigen Blüten oder Blütenständen –, doch lassen sich damit nicht immer jene kleinen Details herausarbeiten, die die Natürlichkeit und Lebendigkeit des Motivs ausmachen.
In diesem Fall kann man auf die Technik der Äderung zurückgreifen, die der Blüte klarere Strukturen und mehr Ausdruckskraft verleiht.

Die Äderung

Mit dem feinen Konturenpinsel zieht man vom Blattansatz aus die Hauptadern. Sie verlaufen in schmalem Abstand parallel zueinander und unterstreichen die Bewegung des Blütenblattes.
Die beiden Linien – und dies gilt für die Hauptadern ebenso wie für die kleinen Adern an den Blatträndern – dürfen keinesfalls gleich lang sein (Abbildung 4).
Die Adern an den Blatträndern werden mit derselben Farbe, die auch für die Hauptadern verwendet wurde, mit der Pinselspitze so gesetzt, daß eine unregelmäßige Flächeneinteilung entsteht. Sie verlaufen ebenfalls parallel und, der Wölbung des Blattes entsprechend, leicht gekrümmt (Abbildung 5). Alle Linien werden an der Basis zu einer angedeuteten Dreiecksform verbreitert.

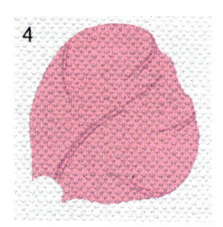

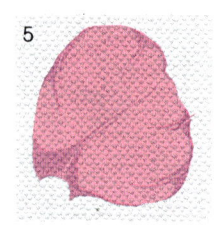

• *Beispiel für die Äderung einer Blütenkrone*
Bei der in Abbildung 6 dargestellten Blütenkrone ist die Äderung korrekt angelegt. Die dunklen Flächen um die

Blütenmitte variieren von Blatt zu Blatt, wodurch eine natürliche Wirkung erreicht wird. Die Linien sind stets unterschiedlich lang. Auch die kleinen Adern wurden von Blatt zu Blatt in bezug auf Anzahl und Verlauf verschieden angelegt.
Dieses Beispiel läßt sich auf alle Blüten dieser Form übertragen.

• *Beispiel für fehlerhafte Äderung*
Während eine gekonnt ausgeführte Äderung der Darstellung Natürlichkeit und Lebendigkeit verleiht, kann eine fehlerhafte Technik genau das Gegenteil bewirken (Abbildung 7). Anhand dieses Beispiels werden die entscheidenden Fehler besonders gut sichtbar.
– Durch die gleiche Länge der Linienpaare entsteht ein flacher Gesamteindruck.
– Die Schattierung der Blütenmitte wirkt aufgrund der zu großen und gleichmäßigen Flächen wie ein Kranz.
– Die kleinen Adern an den Blatträndern sind zu regelmäßig angeordnet und folgen in ihrer Verzweigung nicht der Blattwölbung.

Die Kombination von Schattierung und Äderung

Wenn man beide Techniken hinreichend beherrscht, kann man sie je nach Erfordernis einzeln oder auch kombiniert einsetzen und damit ganz spezielle Effekte erreichen. Beispielsweise kann man auch eine zweifache Schattierung in verschiedenen Tönen vornehmen.
Die Kombination von Schattierung und Äderung bietet sich insbesondere bei umgebogenen Blütenblättern an. In Abbildung 8 ist deutlich die Hauptader zu erkennen, die von unten nach oben verläuft und dabei die Blattwölbung nachvollzieht. Die Verbreiterung

Drei Beispiele für die Äderung von Blüten: Abb. 6 zeigt eine gelungene, Abb. 7 eine mißglückte Äderung. Unten (Abb. 8) ein umgebogenes Blütenblatt mit der von unten nach oben verlaufenden Hauptader.

Auf der gegenüberliegenden Seite (Abb. 4 und 5) zwei rundliche Blütenblätter mit unregelmäßiger Äderung.

SCHATTIERUNG UND ÄDERUNG

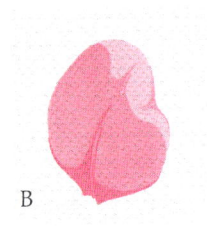

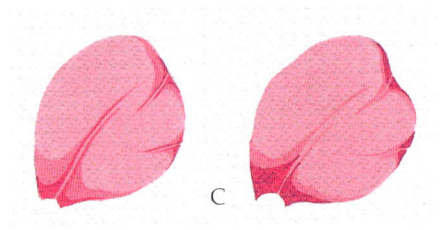

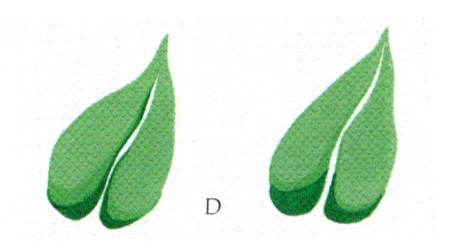

Oben links ein Blütenblatt mit umgebogenem Rand, daneben ein Blütenblatt mit korrekter Schattierung und in der Mitte ein mißlungenes, da unharmonisches Beispiel.
Auch bei den Blättern ein geglücktes Beispiel und, ganz außen, ein Blatt mit zu starken Kontrasten.

an der Basis darf nicht zu wuchtig ausfallen, und der Äderung muß an der oberen Kante eine zweite, kleinere gegenübergestellt werden.
Dasselbe gilt, wenn nur eine Ecke des Blütenblattes umgeknickt ist: Von unten nach oben verläuft eine stärker schattierte Ader, von oben nach unten werden winzige und zarte Schattierungen angedeutet, die die Wölbung des Blattes akzentuieren (Abbildung B).
Mitunter reicht eine Schattierung nicht aus, um die Form der Blüte herauszuarbeiten. In diesem Fall nimmt man eine zweite, sparsame Schattierung mit der reinen, das heißt dunkleren Farbe vor. Sie folgt dem Verlauf der Ader, fällt dabei jedoch zarter aus (Abbildung C).
Bei einer Blütenkrone wird jedes einzelne Blütenblatt auf diese Weise überarbeitet.
Für die Blätter gilt das zuvor Gesagte genauso. Das linke Beispiel in Abbildung D ist korrekt schattiert, beim rechten dagegen sind die Flächen zu groß und unharmonisch.

Die gestupfte Schattierung

Besonders kugelförmige Blüten eignen sich für diese Technik.
Hierbei werden kleine Farbtupfen nebeneinander gesetzt, die durch unterschiedlich dichte Konzentration und ihre farbliche Anordnung die Form und Duftigkeit der Blüte und das Spiel von Licht und Schatten lebendig wiedergeben.
Auch in diesem Fall werden drei Töne – hell, mittel und dunkel – verwendet.
Gemalt wird mit der Pinselspitze.
Wie diese Technik im einzelnen angewandt wird, soll nun am Beispiel des Wiesenklees erklärt werden:
Mit dem hellen Farbton – in diesem Fall gemischt aus Weiß (Nr. 419) und etwas Hellblau (Nr. 409) – deutet man durch winzige Tupfen die Kontur der Blüte an (Abbildung A, Seite 61). Die Tupfen müssen so dicht gesetzt sein, daß sich eine deutlich erkennbare Linie ergibt.
Mit derselben Farbe füllt man nun die

Kontur mit Tupfen aus, die in der linken Hälfte dicht an dicht gesetzt und zum rechten Rand hin lockerer gestreut werden (Abbildung B).

Der mittlere Farbton muß zwei Nuancen dunkler sein, was durch Zugabe von weiterem Hellblau (Nr. 409) erreicht wird. Mit dieser Farbe wird jetzt eine zweite Schattierung gestupft, wobei die Tupfen wie beim ersten Farbauftrag verteilt werden, um die Schattenpartien weiter herauszuarbeiten (Abbildung C).

Der dritte Farbauftrag schließlich erfolgt auf die gleiche Weise mit fast reinem Hellblau (Abbildung D).

Mit zusammengekniffenen Augen betrachtet, muß sich die Blütenkugel als homogenes Ganzes ohne sichtbare Farbabstufungen darstellen.

In derselben Technik, jedoch mit größeren Tupfen, werden Mimosen und ähnliche Blumen gemalt.

Zusammenfassung

Für welche Art der Schattierung man sich von Fall zu Fall entscheidet, hängt weitgehend vom persönlichen Geschmack ab.

Anfangs empfiehlt es sich jedoch, auf die Technik zurückzugreifen, die man am besten beherrscht.

Wenn also trotz wiederholter Übun-

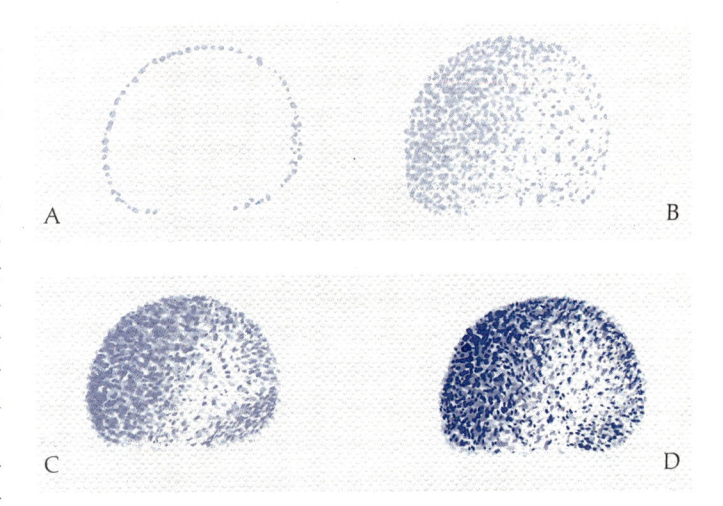

Die Stupftechnik in den verschiedenen Phasen, illustriert anhand einer Wiesenkleeblüte.

Detailaufnahme eines kunstvoll bemalten Tuchs, auf dem unter anderem ein in Stupftechnik ausgeführter Wiesenklee zu erkennen ist.

Das Motiv aus Pfingstrosen, Tulpen, Iris und Rosen schmückt einen Vorhang aus Schantungseide. Die Malerei besticht nicht zuletzt auch durch die gelungene Schattierung.

gen die Linien der Äderung immer wieder zu dick geraten oder die gemalte Schattierung zu unschönen Flecken verläuft, sollte man sich, um Frustration zu vermeiden, lieber einstweilen auf eine andere Technik verlegen.
Natürlich lassen sich anfängliche Mißerfolge fast nie vermeiden, früher oder später aber wird jeder auch die letzten Hürden überwinden. Nachstehend hierzu einige wichtige Empfehlungen:
– Am besten beginnt man mit der gemalten Schattierung einer Blüte.
– Als nächstes malt man dieselbe Blüte erneut und versieht sie mit einer Äderung.
– Selbst der Unerfahrene wird jetzt herausgefunden haben, welche der beiden Techniken ihm mehr liegt, und sollte diese nun an unterschiedlichen Blüten üben und perfektionieren.
– Eine Regel für den Anfang lautet, daß man besser eine Technik richtig erlernt als viele nur halb. Mit zunehmender Praxis und Erfahrung werden sich dann auch in den anderen Schattierungstechniken Erfolge einstellen.
– Man darf niemals vergessen, daß nur Fleiß, ständige Übung und nicht zuletzt Geduld zum Ziel führen.
– Anhand von Probestücken kann man die persönlichen Fortschritte beurteilen, Schwächen herausfinden und Fehler in der Zukunft vermeiden. Daher sollte man die Ergebnisse von Übungen und Experimenten unbedingt aufbewahren.

Vom Entwurf zum fertigen Kunstwerk

Vorbemerkung

Fasziniert von der Stoffmalerei und ihren vielfältigen Möglichkeiten, neigt der Anfänger nur zu leicht dazu, sich auf die anspruchsvollsten Motive zu stürzen, die sein Können weit übersteigen. Damit sind Mißerfolge und Enttäuschungen zwangsläufig vorprogrammiert.

Es ist unerläßlich, die eigenen Fähigkeiten und das Erreichte kritisch zu analysieren und dabei auch vor Fehlern und Schwachpunkten, die dem weiteren Fortschritt noch im Wege stehen, nicht die Augen zu verschließen.

Die nachstehenden Regeln und Grundsätze mögen banal erscheinen, doch bieten sie eine sinnvolle Hilfestellung für den erfolgreichen Einstieg in die Stoffmalerei.

Folgende Ratschläge sollte der Anfänger beherzigen:

– Die Motive dürfen am Anfang weder zu groß noch zu klein sein. Die ideale Größe der Blüte liegt bei etwa 7 cm.

– Auch die Arbeiten selbst sollten zunächst nicht zu groß und anspruchsvoll sein. Geeignet sind beispielsweise Dekorationen auf Schürzen-, Hemden- oder Hosentaschen, Topflappen, Taschentüchern, Servietten oder Einstecktüchern. Eine hübsche Idee ist es auch, die ersten künstlerischen Gehversuche einzurahmen und aufzuhängen. Mit zunehmender Übung und Erfahrung werden die Motive dann allmählich vielgestaltiger und die Arbeiten selbst größer.

– Die Vorlagen (Seiten 74 bis 93) lie-

Alpenblumen, in Mischtechnik auf ein Seidentuch gemalt (Ausschnitt).

fern Anregungen für den Entwurf neuer Motive. Diverse Methoden zur Übertragung des Entwurfs auf den Stoff werden nachstehend beschrieben.
– Für die ersten Versuche werden grundsätzlich DEKA-Permanent für helle Stoffe verwendet.
– Bei der Wahl des Stoffes sollte man sich zunächst auf weiße oder zumindest hellgrundige Baumwolle mit glatter Oberfläche beschränken. Der Stoff darf nicht zu dicht gewebt sein, damit die untergelegte Motivzeichnung deutlich durchschimmert. Unerläßlich ist die Vorbehandlung des Stoffes: Er wird mit möglichst heißem Wasser gewaschen, um die Appretur zu entfernen, und anschließend glattgebügelt.
– Die Größe des Stoffstückes hängt natürlich von der des Motivs ab, wobei Ungeübte, wie zuvor ausgeführt, sich nicht übernehmen sollten. Darüber hinaus darf man nicht vergessen, daß Baumwolle bei der Wäsche einläuft und daß eventuell Nahtzugaben erforderlich sind. Synthetische Gewebe sind nicht geeignet.

Das Übertragen des Motivs

Wie alle Arbeitsschritte kann auch die Freihandübertragung des Motivs anfangs Probleme bereiten. Doch stellt dies kein unüberwindbares Hindernis dar. Denn zum einen schwindet die Unsicherheit mit zunehmender Übung, und zum anderen gibt es diverse Alternativen zur Freihandzeichnung, beispielsweise die Kopiertechnik mit Transparent- oder Kreidepapier.

• *Die Kopiertechnik*
Motivvorlagen (ab Seite 74) dienen nicht nur als Anregung für Freihandentwürfe, sondern lassen sich auch ohne weiteres präzise auf den Stoff übertragen. Hierzu braucht man neben einem schwarzen Filzstift (0,4 bis 0,5 mm) Transparentpapier (20 x 25 cm), für dunkle Stoffe weißes oder gelbes Kreidepapier.
Das Verfahren ist denkbar einfach. Man legt das Transparentpapier auf das gewählte Motiv und fixiert es mit Tesafilm, damit es nicht verrutscht. Nun werden alle Linien mit dem Filzstift exakt nachgezogen.
Man legt das Transparentpapier mit dem kopierten Motiv auf das saugfähige Papier, das zuvor mit Reißzwecken auf die Sperrholzplatte aufgespannt wurde. Der Stoff (20 x 95 cm) – leichter weißer, vorgewaschener Popeline – wird so über die Vorlage gebreitet, daß sich das Motiv an der beabsichtigten Stelle befindet, und mit 4 Reißzwecken straff gespannt, damit die Zeichnung deutlich durchscheint.

Mit der Spitze eines feinen Pinsels und den jeweils passenden hellen Farben zieht man nun einfach die Linien der Blüten, Blätter und Stiele nach.

Nachdem man das Transparentpapier entfernt und den Stoff erneut aufgespannt hat, kann man jetzt zum Kolorieren des Motivs übergehen.

Diese Methode besitzt den Vorteil, daß sie ohne Bleistift auskommt, der der Darstellung oftmals eine gewisse Härte verleiht und sie überdies leicht „schmuddelig" erscheinen läßt.

Natürlich eignet sie sich nur für leichte Stoffe, die die Motivzeichnung durchscheinen lassen.

Für das Übertragen der Motive eignet sich auch der DEKA-Bügelmusterstift.

Bei dunklen Stoffen verwendet man dagegen weißes oder gelbes Kreidepapier. Dieses wird auf den aufgespannten Stoff gelegt. Darauf legt man die Motivzeichnung und befestigt, damit nichts verrutscht, beides mit Reißzwekken. Mit einem harten Bleistift werden die Linien der Vorlage nachgezogen, die sich dabei auf den Stoff übertragen. Anschließend entfernt man Vorlage und Kreidepapier und kann nun mit dem Ausmalen des Motivs beginnen.

• *Die Collagetechnik*

Auch diese Methode stellt eine interessante Alternative zur Freihandzeichnung dar.

Diese Blütenkomposition wurde mittels Collagetechnik zusammengestellt. Hierzu braucht man nichts weiter als zwei Blatt Transparentpapier, einen feinen Filzstift und dazu etwas Phantasie.

Hierbei kopiert man aus verschiedenen Abbildungen und Vorlagen Einzelelemente auf Transparentpapier und stellt sie anschließend so zusammen, daß sich ein harmonisches Gesamtbild ergibt. Beim Kopieren muß man um die einzelnen Motive ausreichend Platz lassen, damit man sie bequem ausschneiden kann. Die fertig zusammengefügten Teile werden mit Tesafilm fixiert, und die Komposition wird auf ein zweites Stück Transparentpapier übertragen. Falls der Entwurf noch der einen oder anderen Korrektur bedarf, so können diese jetzt vorgenommen werden. Wenn alle Details stimmen, werden die Linien schließlich mit einem feinen Filzstift nachgezogen. Nun kann das Motiv nach der auf Seite 64 beschriebenen Methode auf den Stoff übertragen werden.

Die selbstentworfene Komposition

Auch die Komposition neuer Motive aus bereits bestehenden Elementen kann durchaus als Kunst bezeichnet werden. Denn sie verlangt Kreativität und ein Gefühl für Formen und Farben, das sich, genauso wie alles andere, im Laufe der Zeit entwickelt und verfeinert. Bei aller kompositorischen Freiheit und Experimentierfreude sollte man sich jedoch eines zum Grundsatz machen: Wildwachsende und gezüchtete Blumen werden, da sie in krassem Gegensatz zueinander stehen, niemals kombiniert.

Nachstehend einige Kompositionsvorschläge, die dem Anfänger, solange sein Form- und Farbempfinden noch ungeschult ist, als Anregung dienen mögen.

• *Für einen frischen Frühlingsstrauß* eignen sich besonders Anemonen, Margeriten, Narzissen, Pfirsichblüten, Butterblumen und Mimosen, wobei letztere auch allein sehr dekorativ wirken.
• *Für ein farbenfrohes sommerliches Arrangement* bieten sich Klatschmohn, Wiesenklee, Kornblumen, Ähren, Butterblumen und Margeriten an.
• *Für eine üppige Komposition* empfehlen sich Gartenblumen wie Iris, Tulpen, Dahlien, Hortensien, Lilien, Gladiolen und Pfingstrosen.
• *Für ein kleines romantisches Bouquet* eignen sich zarte Wiesenblumen wie Primeln, Veilchen und Gänseblümchen.
• *Für eine rustikale und zugleich zarte Kreation* läßt sich aus Zweigen mit Beeren, Hundsrose, Ginster und verschiedenen Blättern ein ansprechendes Arrangement zusammenstellen.

Vergrößerung und Verkleinerung

Es kommt oft vor, daß ein Motiv für den jeweiligen Zweck zu groß oder zu klein ist und entsprechend abgeändert werden muß.

Der schnellste und einfachste Weg ist hierbei zweifellos die Fotokopie. Doch nicht immer findet man ein Gerät, das über die Funktion der stufenlosen Vergrößerung und Verkleinerung verfügt. Ist ein solches Gerät vorhanden, so

Detailaufnahme eines Schultertuchs aus Wollmusselin mit einem reizvollen Blüten-Potpourri.

braucht man lediglich die Originalabbildung oder eine auf Transparentpapier angefertigte Kopie. Des weiteren genügt ein Knopfdruck, und das gewünschte Resultat liegt vor.

Eine andere Möglichkeit ist die Maßstabveränderung auf dem Pantographen – oder Storchschnabel. Dieses Gerät besteht aus einem beweglichen Parallelogramm aus Holz- oder Metallschenkeln mit einstellbarem Übersetzungsverhältnis sowie einem Führungs- und einem Zeichenstift.

Und eine weitere Alternative ist schließlich die Übertragung auf einen Raster. Hierzu malt man Kästchen, zum Beispiel von 1 cm Kantenlänge, auf ein Stück Transparentpapier und kopiert darauf das Motiv. Soll dieses beispielsweise die zweifache Größe erhalten, so malt man in diesem Fall Kästchen von 2 cm Kantenlänge auf ein zweites Stück Papier und zeichnet die Linien des Motivs Quadrat für Quadrat ein. Für eine Verkleinerung werden die Kästchen entsprechend reduziert, in unserem Fall auf 0,5 cm Kantenlänge. Zur Vereinfachung der Arbeit kann man die Kästchen mit Buchstaben oder Zahlen versehen.

Die Ausführung

Wie könnte man das Gelernte besser rekapitulieren als durch die praktische Anwendung?

Auf der rechten Seite des Arbeitsplatzes (bei Linkshändern auf der linken Seite) stehen bereit:

– ein Glas mit frischem Wasser,

– der gewaschene und abgetrocknete *weiße Porzellanteller*,

– die Pinsel und ein Lappen zum trockentupfen,

– die DEKA-Permanent, die für das geplante Motiv, in diesem Fall eine Hundsrose, folgendermaßen gemischt werden:

404	404 + 419	419 + 404
401 + 414	401 + 414 419	418

Weiterhin benötigen wir:

– leichten, glatten, weißen Popeline, vorgewaschen, gebügelt und auf die Größe von 10 x 10 cm zurechtgeschnitten,

– Transparentpapier mit dem durchgepausten Motiv (Abbildung A, Seite 70),
– das Sperrholzbrett, auf dem eine Unterlage aus saugfähigem Papier mit vier Reißzwecken aufgespannt wurde.

Die Motivzeichnung wird auf das Holzbrett gelegt und der Stoff so darauf plaziert, daß das Motiv sich in der Mitte befindet. Papier und Stoff werden mit Reißzwecken befestigt.

Nun werden die Konturen des Motivs mit dem feinen Pinsel und der jeweiligen Farbe nachgezogen. Die Farbgläschen werden vor dem Öffnen kräftig geschüttelt. Man gießt etwas Weiß (Nr. 419) auf die eine und etwas Rosa (Nr. 404) auf die andere Seite des Tellers.

Mit dem gewaschenen und nur leicht trockengetupften Pinsel mischt man etwas Rosa zum Weiß, so daß ein sehr heller Farbton entsteht. Der Pinsel wird gewaschen, wieder leicht trockengetupft und mit der Spitze in die Farbe getaucht, wobei man ihn ein paarmal um die eigene Achse dreht, bis er schmal wie eine Tuschfeder ist. Jetzt werden die Umrisse der Blütenblätter und Knospen gezeichnet (Abbildung B).

Anschließend wird der Pinsel ausgewaschen und getrocknet. Auf eine Ecke des Tellers gießt man etwas Zitronengelb (Nr. 401) und daneben etwas Dunkelgrün (Nr. 414). Mit dem sauberen Pinsel mischt man etwas Grün zum Gelb, so daß sich ein hellgrüner Farbton ergibt. Dazu gibt man einen Hauch Weiß, das die doppelte Funktion hat, die Farbe einerseits zu binden und damit am Verlaufen zu hindern und sie andererseits aufzuhellen. Mit dieser Farbe werden jetzt Blätter, Stiele und Blütenkelche konturiert.

Wenn das Motiv komplett abgezeichnet ist, wird die Vorlage entfernt und der Stoff mit vier Reißzwecken erneut straff über die Papierunterlage gespannt.

Bevor man mit dem Ausmalen des Motivs (Abbildung C) beginnt, wird das Wasser erneuert und der Pinsel ausgewaschen und getrocknet. Zu dem für die Konturen verwendeten Rosa gibt man ein wenig mehr Rosa (Nr. 404), um die Farbe eine Nuance dunkler zu tönen. Es muß eine ausreichende Farbmenge gemischt werden, die für alle Blütenblätter ausreicht. Nun folgt das Ausmalen des Motivs, wie auf Seite 50 beschrieben. Man beginnt stets mit dem Blütenblatt oben links und arbeitet so, daß man sich nicht auf die frisch aufgetragene Farbe stützen muß. Während man an den Rändern die Pinselspitze einsetzen sollte, wobei möglichst auch die Kontur selbst übermalt wird, trägt man die Farbe in der Mitte mit dem flachen Pinsel auf. Dabei muß man so langsam arbeiten, daß

70 VOM ENTWURF ZUM FERTIGEN KUNSTWERK

Eine voll erblühte Hundsrose. Nach der Vorlage (Abb. A) werden zunächst die Konturen gezeichnet (Abb. B), dann die Flächen ausgemalt (Abb. C) und schließlich die Schattierungen vorgenommen (Abb. D). Das Ergebnis (Abb. E) stimmt mit der Vorlage überein.

die Farbe ins Gewebe eindringen kann und somit ein gleichmäßiger Farbauftrag erzielt wird. Wie auf Seite 50 ausgeführt, muß zwischen zwei gleichfarbigen Blütenblättern ein schmaler Streifen ausgespart werden.
Auch die Blütenmitte bleibt vorerst frei, während die Knospen ausgefüllt werden.
Vor dem Schattieren (Abbildung D) müssen die Farben gut trocknen.
Der zum Ausmalen verwendete Farbton wird nun durch Beimischen von weiterem Rosa (Nr. 404) um zwei Nuancen intensiviert. Allerdings darf die Farbe nicht zu dunkel geraten, um keinen zu starken Kontrast zur Grundfarbe zu schaffen: Es muß ein harmonischer Gesamteindruck entstehen.
Nach dem Schattieren (siehe Seite 56) müssen die Farben erneut trocknen.
Nach Belieben kann man, um die Wirkung zu vertiefen, eine zweite, feinere Schattierung mit reinem Rosa (Nr. 404) vornehmen.
Nachdem der letzte Farbauftrag getrocknet ist, malt man mit Schwarz (Nr. 418) den Blütenstempel. Anschließend tupft man mit der Pinselspitze ringsum mit etwas Abstand einen Kranz von Staubblättern, die durch feine, ebenfalls mit der Spitze ausgeführte Linien mit dem Stempel verbunden werden.
Wenn die Farben trocken sind, kommen die Blätter (Abbildung E) an die Reihe. Hierzu wird das Wasser erneuert und ein Grün gemischt, das etwas dunkler als der für die Konturen verwendete Ton ist: Der Mischung aus Zitronengelb (Nr. 401), Dunkelgrün (414) und Weiß (419) wird mehr Grün und Gelb beigemischt. Mit diesem Ton füllt man vier Blätter flächig aus und läßt dabei die Mittelrippe frei.
Nun mischt man dem zuletzt verwendeten Grünton weiteres Dunkelgrün (Nr. 414) bei. Mit dieser Farbe werden die noch unausgefüllten Blätter mit der Pinselspitze geädert und konturiert, die Stiele gestrichelt, so daß ein „Dorneneffekt" entsteht, und die Blütenkelche ausgefüllt. Zuletzt werden die flächig ausgemalten Blätter mit derselben Farbe schattiert, wobei man nötigenfalls etwas Gelb und Weiß beimischt.
Man läßt die Farben erneut trocknen und kann dann nach Belieben mit Schwarz (Nr. 418) noch letzte Feinheiten anbringen: zum Beispiel hier und da zur Betonung der Blüten und Blätter mit der Pinselspitze zarte Linien und Striche ziehen. Hierbei darf man jedoch keinesfalls übertreiben, um der Darstellung nicht ihre Zartheit und Leichtigkeit zu nehmen.
Wenn die Farben gut getrocknet sind, löst man den Stoff von der Unterlage, läßt es völlig trocknen und fixiert dann die Farben mit dem Bügeleisen.

*Gegenüberliegende Seite:
Ein farbenprächtiges
Seidentuch, auf dem rote
Mohnblüten den Ton
angeben.*

Kritische Fehleranalyse

Nachstehend noch einmal eine Zusammenfassung der klassischen Fehler und ihrer möglichen Ursachen. Hierbei sei noch einmal ausdrücklich betont, daß anfängliche Schwierigkeiten nicht ausbleiben können, und daß nur ständiges Üben zum Erfolg führt. Falls also die zuvor gemalte Hundsrose einen oder auch mehrere der nachstehend aufgeführten Mängel aufweist, empfiehlt es sich, sie wieder und wieder zu malen, bis das Ergebnis zufriedenstellend ausfällt.
Hier nun die häufigsten Fehler mit ihren möglichen Ursachen:

• *Verlaufende Konturen*
Die Ursachen können verschiedener Art sein:
– Die Farbe war zu wäßrig.
– Der Farbe wurde kein oder zuwenig Weiß beigemischt.
– Der Pinsel wurde nicht ausreichend trockengetupft. Schon ein Tropfen Wasser genügt, um die Farben auslaufen zu lassen.
• *Zu starker Kontrast zwischen Grundfarbe und Schattierung*
Die Farbe der ersten Schattierung ist zu dunkel. Zu Beginn jeder Arbeit sollte man ein Stückchen des Originalstoffes für Farbproben beiseite legen. Ist kein Stoff übrig, so kann man die Farbwirkung durch einen feinen Strich auf einem flächig ausgemalten Blütenblatt direkt neben dem Stempel prüfen. Erweist sich die Farbe als zu hell oder kontrastarm, so kann man sie noch leicht nachdunkeln.
• *Mißlungene Blütenmitte*
Hierfür ist vermutlich einer der folgenden Gründe verantwortlich:
– Die Staubblätter sind zu dicht an den Stempel gesetzt.
– Der Pinsel war zu stark vollgesogen, wodurch die Staubblätter zu dick wirken.
– Der Pinsel wurde nicht mit der Spitze aufgesetzt, sondern schräg gehalten, wodurch die Feinheiten verlorengehen.
• *Unschöne Äderung*
Es gibt drei mögliche Ursachen:
– Mangelnde Übung.
– Es wurde ein zu dicker Pinsel verwendet.
– Der Pinsel war zu stark vollgesogen.
Eine mißlungene Äderung läßt sich auch im nachhinein noch korrigieren: Man deckt sie mit einem erneuten Farbauftrag in einem um eine Nuance dunkleren Ton ab, wobei die weiße Mittelrippe jedoch ausgespart wird. Das Ergebnis mag nicht gerade atemberaubend sein, aber immerhin ist es akzeptabel.

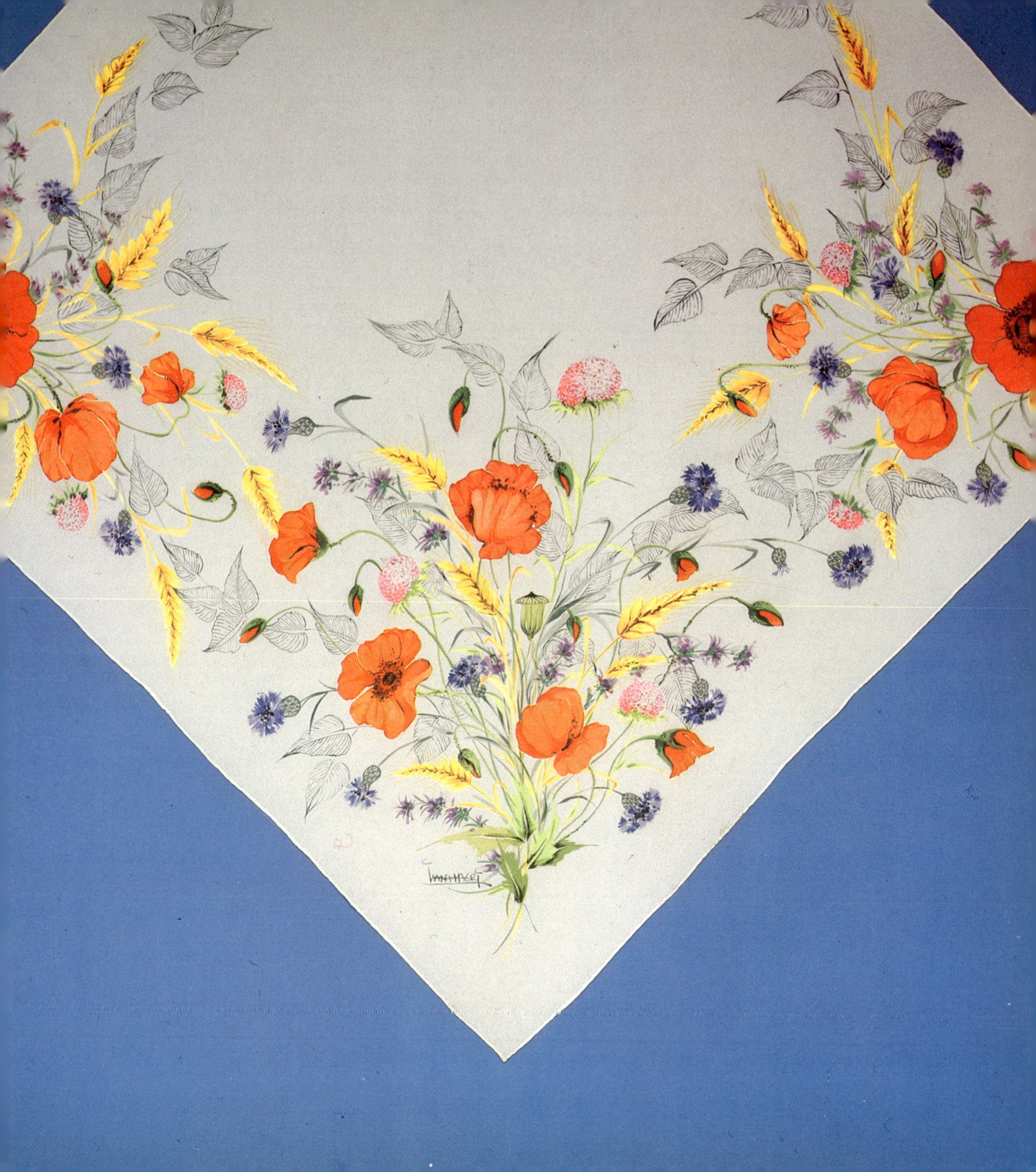

ZWEIGE MIT BEEREN

Es wird mit DEKA-Permanent und folgenden Farben gearbeitet:

Farbe A = Nr. 402 + Nr. 405 + Nr. 415 + Nr. 419: Konturen und Flächen der Beeren
Farbe B = Nr. 402 + Nr. 416 + Nr. 414 + Nr. 419: Konturen und Flächen der schmalen Blätter
Farbe C = Nr. 402 + Nr. 409 + Nr. 419: Konturen und Flächen der übrigen Blätter
Farbe D = Nr. 401 + Nr. 409 + Nr. 416 + Nr. 419: Schattierung der Blätter
Farbe E = Nr. 419: Licht auf den Beeren
Farbe F = Nr. 418: Letzte Feinheiten

1

2

Die Vorlage (Abb. 1) unter den Stoff legen.

1) Mit Farbe B den linken Zweig und die Konturen der schmalen Blätter zeichnen (Abb. 2)
2) Mit Farbe C den rechten Zweig und die Konturen der herzförmigen Blätter zeichnen (Abb. 3)
3) Mit Farbe F den Zweig mit den Beeren zeichnen
4) Mit Farbe A die Konturen der Beeren ziehen

Die Vorlage entfernen.

5) Mit Farbe B die schmalen Blätter ausfüllen (Abb. 2)
6) Mit Farbe C die herzförmigen Blätter ausfüllen (Abb. 3)
7) Mit Farbe A die Beeren ausfüllen (Abb. 4)
8) Mit Farbe D die Schattierung der grünen Blätter und die Äderung der gelben Blätter (Abb. 4) malen
9) Mit Farbe F die Blütenansätze an den Beeren andeuten (Abb. 4)
10) Mit Farbe E Licht auf die Beeren setzen (Abb. 4)

MOTIVE

MOHN

Es wird mit DEKA-Permanent und folgenden Farben gearbeitet:

Farbe A = Nr. 402 + Nr. 405 + Nr. 419: Kontur und Fläche des umgebogenen Blütenblattes

Farbe B = Nr. 405 + Nr. 419: Konturen und Flächen der übrigen Blütenblätter und Knospen

Farbe C = Nr. 402 + Nr. 419: Ring des Blütenstempels der geöffneten Blüte

Farbe D = Nr. 406: Schattierung der Blüte

Farbe E = Nr. 406 + Nr. 416: 2. Schattierung der Blüte

Farbe F = Nr. 418: Übriger Stempel, Staubblätter und letzte Feinheiten

Farbe G = Nr. 402 + Nr. 409 + Nr. 419: Stiele sowie Konturen und Flächen der Blütenkelche

Farbe H = Nr. 402 + Nr. 409: Schattierung der Blütenkelche und Austupfen des Stiels

Die Vorlage (Abb. 1) unter den Stoff legen.

1) Mit Farbe A die Konturen des umgebogenen Blütenblattes ziehen (Abb. 2)
2) Mit Farbe B die Konturen der übrigen Blütenblätter und der Knospen ziehen (Abb. 2)
3) Mit Farbe G die Stiele und die Konturen der Blütenkelche zeichnen
4) Mit Farbe H die Konturen des blattlosen Blütenstempels ziehen
5) Mit Farbe F die Konturen des Blütenstempels der geöffneten Blüte malen

Die Vorlage entfernen.

6) Mit Farbe A das umgebogene Blütenblatt ausfüllen
7) Mit Farbe B die übrigen Blütenblätter und die Knospen ausfüllen (Abb. 2)
8) Mit Farbe C den Ring auf den Stempel der Blüte malen
9) Mit Farbe B das umgebogene Blütenblatt schattieren (Abb. 3)
10) Mit Farbe D die restlichen Blütenblätter und die Knospen schattieren (Abb. 3)
11) Mit Farbe G die Blütenkelche ausfüllen
12) Mit Farbe H den blattlosen Blütenstempel ausfüllen (Abb. 3)
13) Mit Farbe E die 2. Schattierung der Blütenblätter vornehmen
14) Mit Farbe H die Schattierung auf die Blütenkelche stupfen
15) Mit Farbe F den Stempel der geöffneten Blüte ausfüllen, die Staubblätter malen und eventuelle letzte Feinheiten anbringen (Abb. 4)

4

PRIMELN

Es wird mit DEKA-Permanent und folgenden Farben gearbeitet:

Farbe A = Nr. 419 + Nr. 401 + Nr. 402: Konturen der Blütenblätter
Farbe B = Nr. 401 + Nr. 409 + Nr. 415 + Nr. 419: Stiele sowie Konturen der Blütenkelche und Blätter
Farbe C = Nr. 402 + Nr. 419: Flächen der Blütenblätter
Farbe D = Nr. 402 + Nr. 415 + Nr. 419: Flächen der Blütenblätter
Farbe E = Nr. 402 + Nr. 415: Schattierung der Blütenblätter
Farbe F = Nr. 401 + Nr. 409 + Nr. 415 + Nr. 414: Blattflächen
Farbe G = Nr. 414 + Nr. 402 + Nr. 401: Flächen und Schattierung der Blätter
Farbe H = Nr. 414 + Nr. 402: Schattierung der Blätter und letzte Feinheiten

Die Vorlage (Abb. 1) unter den Stoff legen.

1) *Mit Farbe A die Konturen aller Blüten und Knospen ziehen*
2) *Mit Farbe B die Stiele und die Konturen der Blätter und Blütenkelche zeichnen*

Die Vorlage entfernen.

3) *Mit Farbe A einige Blüten, Knospen und das umgebogene Blütenblatt ausfüllen (Abb. 2)*
4) *Mit Farbe C einige Blüten ausfüllen (Abb. 2)*
5) *Mit Farbe D die restlichen Blüten ausfüllen (Abb. 2)*
6) *Mit Farbe B zwei Blätter, die Blütenkelche und die Blütenmitten ausfüllen (Abb. 2)*
7) *Mit Farbe F weitere zwei Blätter ausfüllen (Abb. 2)*
8) *Mit Farbe G das kleinste Blatt ausfüllen und die Stiele nachziehen (Abb. 2)*
9) *Mit Farbe C die hellgelben Blütenblätter schattieren (Abb. 3)*
10) *Mit Farbe D die mittelgelben Blütenblätter und die Knospen schattieren (Abb. 3)*
11) *Mit Farbe E die dunkelgelben Blütenblätter schattieren (Abb. 3)*
12) *Mit Farbe F die beiden hellgrünen Blätter schattieren (Abb. 3)*
13) *Mit Farbe G die beiden mittelgrünen Blätter schattieren (Abb. 3)*
14) *Mit Farbe H das kleinste Blatt schattieren (Abb. 3)*
15) *Mit Farbe E eine 2. zarte Schattierung der Blüten vornehmen (Abb. 4)*
16) *Mit den für die 1. Schattierung verwendeten Farben die Blattäderung zeichnen (Abb. 4)*
17) *Mit Farbe H die 2. Schattierung der Blätter vornehmen und die Blütenmitten überarbeiten (Abb. 4)*

NARZISSE

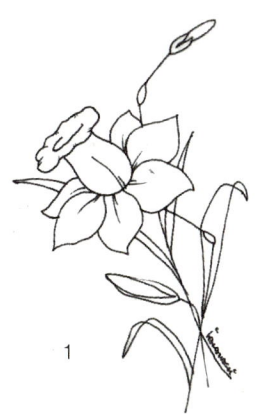

Es wird mit DEKA-Permanent und folgenden Farben gearbeitet:

Farbe A = Nr. 419 + Nr. 401 + Nr. 402: Konturen der Blüte und Knospen
Farbe B = Nr. 419 + Nr. 402 + Nr. 414: Stiele sowie Konturen der Blätter und Blütenkelche
Farbe C = Nr. 402 + Nr. 419: Flächen einiger Blütenbereiche und der unteren Knospe
Farbe D = Nr. 402 + Nr. 414 + Nr. 419: Blattflächen
Farbe E = Nr. 402 + Nr. 405 + Nr. 419: Schattierung der Blütenblätter
Farbe F = Nr. 402 + Nr. 405: 2. Schattierung der Blütenblätter
Farbe G = Nr. 402 + Nr. 414: Letzte Feinheiten an den Blättern

Die Vorlage (Abb. 1) unter den Stoff legen.

1) Mit Farbe A die Konturen der Blüte und Knospen ziehen
2) Mit Farbe B die Stiele und die Konturen der Blätter und Blütenkelche zeichnen

Die Vorlage entfernen.

3) Mit Farbe A den mittleren Teil der Blüte und die obere Knospe ausfüllen (Abb. 2)
4) Mit Farbe C die restliche Blüte und die untere Knospe ausfüllen (Abb. 2)
5) Mit Farbe B das größte Blatt und die umgebogene Spitze des kleinen Blattes ausfüllen (Abb. 2)
6) Mit Farbe D die übrigen Blätter, die Blütenkelche und die Unterseite des hellgrünen Blattes ausfüllen und die Stiele nachziehen (Abb. 2)
7) Mit Farbe C den mittleren Teil der Blüte und die hellgelbe Knospe schattieren (Abb. 3)
8) Mit Farbe E den Kranz der Blütenblätter, die zweite Knospe und die Blütenkrone am Rand sowie, um die Öffnung anzudeuten, in der Mitte schattieren (Abb. 3)
9) Mit Farbe F die 2. Schattierung der Blüte und der Knospen vornehmen (Abb. 4)
10) Mit Farbe G die Blattäderung andeuten

GLYZINIEN

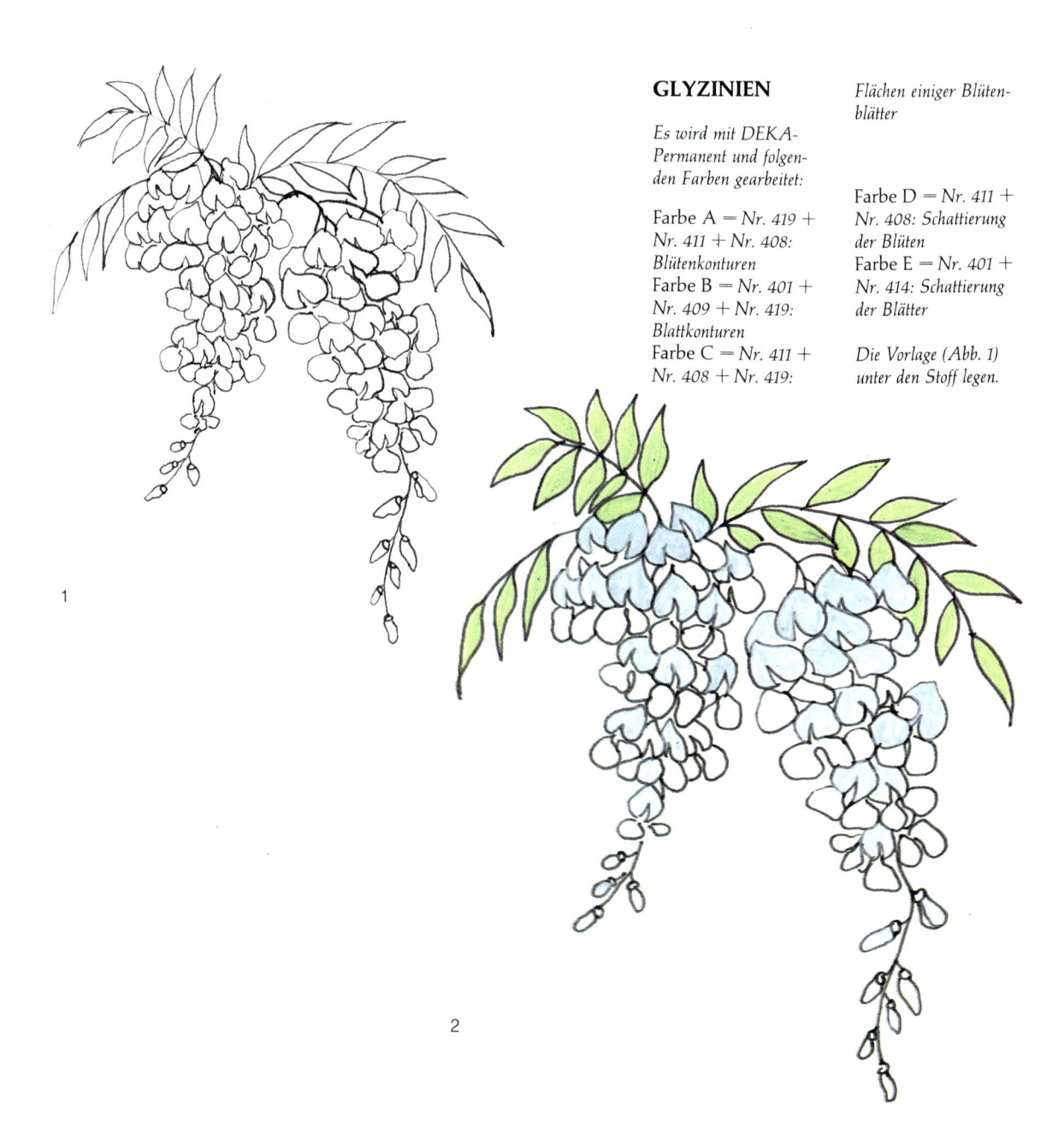

Es wird mit DEKA-Permanent und folgenden Farben gearbeitet:

Farbe A = Nr. 419 + Nr. 411 + Nr. 408: Blütenkonturen
Farbe B = Nr. 401 + Nr. 409 + Nr. 419: Blattkonturen
Farbe C = Nr. 411 + Nr. 408 + Nr. 419: Flächen einiger Blütenblätter

Farbe D = Nr. 411 + Nr. 408: Schattierung der Blüten
Farbe E = Nr. 401 + Nr. 414: Schattierung der Blätter

Die Vorlage (Abb. 1) unter den Stoff legen.

1

2

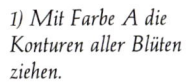

1) Mit Farbe A die Konturen aller Blüten ziehen.
2) Mit Farbe B die Stiele und die Konturen der Blätter zeichnen

Die Vorlage entfernen.

3) Mit Farbe A einen Teil der Blütenblätter ausfüllen (Abb. 2)
4) Mit Farbe B alle Blätter ausfüllen (Abb. 2)
5) Mit Farbe C die restlichen Blütenblätter ausfüllen (Abb. 3)
6) Mit Farbe C die hellen Blütenblätter schattieren (Abb. 4)
7) Mit Farbe D die restlichen Blütenblätter schattieren (Abb. 4)
8) Mit Farbe E die Blätter schattieren (Abb. 4)

IRIS

Es wird mit DEKA-Permanent und folgenden Farben gearbeitet:

Farbe A = Nr. 419 + Nr. 408: Konturen der Blüten und Knospen
Farbe B = Nr. 402 + Nr. 409 + Nr. 419: Konturen der Stiele, Blätter und Blütenkelche
Farbe C = Nr. 408 + Nr. 419: Flächen einiger Blütenblätter
Farbe D = Nr. 402 + Nr. 409 + Nr. 414: Flächen einiger Blätter
Farbe E = Nr. 414 + Nr. 402 + Nr. 416: Schattierung der Blätter und Stiele
Farbe F = Nr. 408 + Nr. 411: Dunkle Schattierung der Blütenblätter
Farbe G = Nr. 402: Blütenstempel
Farbe H = Nr. 402 + Nr. 415: Schattierung des Blütenstempels

Die Vorlage (Abb. 1) unter den Stoff legen.

1) Mit Farbe A die Konturen der Blütenblätter und Knospen ziehen
2) Mit Farbe B die Konturen der Stiele, Blätter und Blütenkelche ziehen

Die Vorlage entfernen.

3) Mit Farbe A die beiden oberen Blütenblätter und einen Teil der Knospen ausfüllen (Abb. 2)
4) Mit Farbe C die übrigen Blütenblätter und Knospen ausfüllen (Abb. 3)

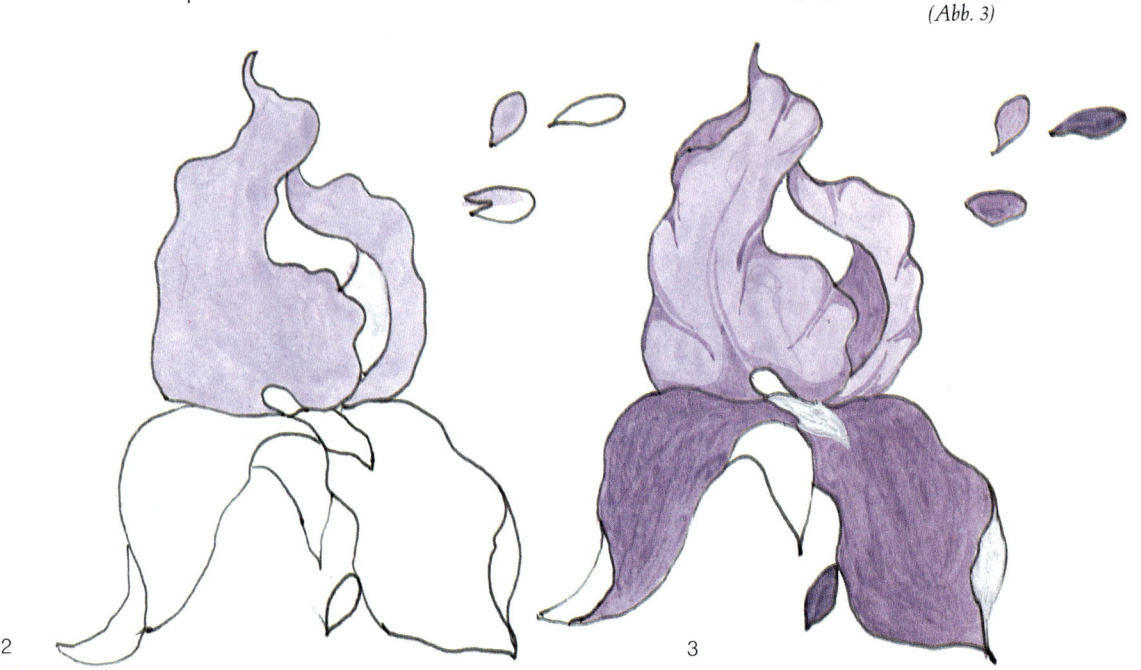

83

4

5) Mit Farbe B zwei Blätter ausfüllen (Abb. 4)
6) Mit Farbe D die Stiele, Blütenkelche und die Oberseiten der beiden unteren Blätter ausfüllen (Abb. 4)
7) Mit Farbe C die beiden helleren Blütenblätter schattieren (Abb. 3)
8) Mit Farbe F die dunkleren Blütenblätter schattieren (Abb. 5); die bei Schritt 4 ausgesparten Unterseiten der Blütenblätter ausfüllen; bei den oberen, helleren Blütenblättern eine 2. Schattierung vornehmen (Abb. 5)
9) Mit Farbe E die bei Schritt 6 ausgesparten Blattunterseiten ausfüllen und die Blätter schattieren (Abb. 5)
10) Mit Farbe G den Stempel ausfüllen (Abb. 5)
11) Mit Farbe H die Schattierung des Stempels stupfen (Abb. 5)

5

84　MOTIVE

GERANIE

Es wird mit DEKA-Permanent und folgenden Farben gearbeitet:

Farbe A = Nr. 419 + Nr. 405: Konturen der Blüten und Knospen
Farbe B = Nr. 419 + Nr. 405 + Nr. 402: Flächen einiger Blütenblätter und Knospen
Farbe C = Nr. 419 + Nr. 405: Flächen einiger Blütenblätter und Knospen
Farbe D = Nr. 405 + Nr. 402: Schattierung der Blüten
Farbe E = Nr. 405 + Nr. 406: 2. Schattierung der Blüten
Farbe F = Nr. 409 + Nr. 402 + Nr. 419: Konturen der Blätter und Stiele

Farbe G = Nr. 409 + Nr. 402 + Nr. 414: Fläche des mittleren Blattes
Farbe H = Nr. 414 + Nr. 402: Fläche des kleineren Blattes
Farbe I = Nr. 414 + Nr. 418: Äderung des mittleren Blattes

Die Vorlage (Abb. 1) unter den Stoff legen.

1) Mit Farbe A die Konturen der Blütenblätter und Knospen ziehen
2) Mit Farbe F die Konturen der Blätter und Stiele ziehen

Die Vorlage entfernen.

3) Mit Farbe A einige Blütenblätter und Knospen ausfüllen (Abb. 2)
4) Mit Farbe B weitere Blütenblätter und Knospen ausfüllen (Abb. 2)
5) Mit Farbe C die restlichen Blütenblätter und Knospen ausfüllen. Die Blüten weisen dunk-

3   4

le, mittlere und helle Bereiche auf (Abb. 2)
6) Mit Farbe F das größte Blatt, die umgebogene Ecke des mittleren Blattes und die Stiele ausfüllen (Abb. 2)
7) Mit Farbe G das mittlere Blatt und die umgebogene Ecke des größten Blattes ausfüllen (Abb. 2)
8) Mit Farbe H das kleinste Blatt ausfüllen (Abb. 2)
9) Mit Farbe B die hellen Blütenblätter schattieren (Abb. 3)
10) Mit Farbe C die mittleren Blütenblätter schattieren (Abb. 3)
11) Mit Farbe D die dunklen Blütenblätter schattieren (Abb. 3)
12) Mit Farbe G die Äderung des größten Blattes zeichnen (Abb. 3)
13) Mit Farbe H die Äderung des mittleren Blattes zeichnen (Abb. 3)
14) Mit Farbe I die Äderung des kleinsten Blattes zeichnen (Abb. 3)
15) Mit Farben D und E die Schattierung der Blütenblätter vollenden (Abb. 4)
16) Mit Farbe H die Stiele und die Äderung des größten Blattes überarbeiten (Abb. 4)

KORNBLUMEN MIT ÄHRE

Es wird mit DEKA-Permanent und folgenden Farben gearbeitet:

Farbe A = Nr. 409 + Nr. 411 + Nr. 419: *Konturen der Blüten und Flächen der helleren Blütenblätter*
Farbe B = Nr. 409 + Nr. 411 + Nr. 419: *Flächen der mittelblauen Blütenblätter*
Farbe C = Nr. 409 + Nr. 411: *Flächen der dunkleren Blütenblätter*
Farbe D = Nr. 411: *Schattierung der Blütenblätter*
Farbe E = Nr. 402 + Nr. 415 + Nr. 419: *Konturen und Flächen der Ähre*
Farbe F = Nr. 402 + Nr. 415: *Schattierung der Ähre*
Farbe G = Nr. 419 + Nr. 414 + Nr. 416: *Stiele sowie Konturen und Flächen der Blätter und Blütenkelche*
Farbe H = Nr. 414 + Nr. 416: *Schuppenblätter der Kornblumen*
Farbe I = Nr. 418: *Letzte Feinheiten*

Die Vorlage (Abb. 1) unter den Stoff legen.

1) Mit Farbe A die Konturen der Blütenblätter ziehen
2) Mit Farbe G die Stiele und die Konturen der Blütenkelche und Blätter zeichnen
3) Mit Farbe E die Konturen der Ähre ziehen

Die Vorlage entfernen.

4) Mit Farbe A die mittleren und einige äu-

1

2

ßere Blütenblätter ausfüllen (Abb. 2)
5) Mit Farbe B die Blütenblätter hinter den hell ausgemalten füllen (Abb. 2)
6) Mit Farbe C die restlichen Blütenblätter ausfüllen (Abb. 3)
7) Mit Farbe E die Ähre ausfüllen (Abb. 3)
8) Mit Farbe G die Blütenkelche und Blätter ausfüllen (Abb. 3)
9) Mit Farbe F die Ähre schattieren, ihr Blatt ausfüllen und Stiel und Grannen zeichnen (Abb. 4)
10) Mit Farbe D die Blütenblätter an einigen Stellen schattieren (Abb. 4)
11) Mit Farbe H und einem feinen Pinsel die Schuppenblätter an den Blütenkelchen zeichnen (Abb. 4)
12) Mit Farbe I die Blütenstempel malen und letzte Details an Blütenblättern und kelchen anbringen (Abb. 4)

MARGERITEN

Es wird mit DEKA-Permanent und folgenden Farben gearbeitet:

Farbe A = Nr. 419 + Nr. 404: Konturen der Blüten und Knospen
Farbe B = Nr. 402 + Nr. 414 + Nr. 419: Stiele sowie Konturen der Blätter und Blütenkelche
Farbe C = Nr. 404 + Nr. 419: Flächen und Schattierung einiger Blütenblätter
Farbe D = Nr. 404: Flächen einiger Blütenblätter
Farbe E = Nr. 404 + Nr. 406: Flächen der restlichen Blütenblätter
Farbe F = Nr. 402 + Nr. 419: Blütenstempel
Farbe G = Nr. 414 + Nr. 401 + Nr. 419: Fläche des rechten Blattes
Farbe H = Nr. 414 + Nr. 401: Fläche des linken unteren Blattes
Farbe I = Nr. 406: 2. Schattierung der Blüten
Farbe L = Nr. 418: Letzte Feinheiten

Die Vorlage (Abb. 1) unter den Stoff legen.

1) Mit Farbe A die Konturen der Blüten und Knospen ziehen
2) Mit Farbe B die Stiele und die Konturen der Blätter und Blütenkelche zeichnen

Die Vorlage entfernen.

3) Mit Farbe A einige Blüten- und Knospenblätter ausfüllen (Abb. 2)
4) Mit Farbe C einige weitere Blüten- und Knospenblätter ausfüllen (Abb. 2)
5) Mit Farbe D die restlichen Blüten- und Knospenblätter ausfüllen (Abb. 2)
6) Mit Farbe B das linke obere Blatt und einen Blütenkelch ausfüllen (Abb. 2)
7) Mit Farbe G das rechte Blatt und einen Blütenkelch ausfüllen (Abb. 2)
8) Mit Farbe H das linke untere Blatt und einen Blütenkelch ausfüllen (Abb. 2)
9) Mit Farbe F den Blütenstempel ausfüllen (Abb. 2)
10) Mit Farbe C die

hellen Blütenblätter schattieren (Abb. 3)
11) Mit Farbe D die mittleren Blütenblätter schattieren (Abb. 3)
12) Mit Farbe E die dunklen Blütenblätter schattieren (Abb. 3)
13) Mit Farbe G das helle Blatt schattieren (Abb. 3)
14) Mit Farbe H das mittlere Blatt schattieren (Abb. 3)
15) Mit Farbe L das dunkle Blatt schattieren (Abb. 3)
16) Mit Farbe I die 2. Schattierung der Blütenblätter vornehmen (Abb. 4)
17) Mit Farbe H die 2. Schattierung des hellen Blattes vornehmen (Abb. 4)
18) Mit Farbe L die 2. Schattierung des mittleren Blattes vornehmen (Abb. 4)
19) Mit den Farben B, G und H den Blütenstempel austupfen (Abb. 4)
20) Mit Farbe L letzte Feinheiten anbringen (Abb. 4)

3

4

ANEMONEN

Nr. 408: Schattierung der blauen Blüte
Farbe I = Nr. 406: Schattierung der roten Blüte
Farbe L = Nr. 411 + Nr. 418: 2. Schattierung der blauen Blüte
Farbe M = Nr. 406 + Nr. 416: 2. Schattierung der roten Blüte
Farbe N = Nr. 402 + Nr. 409 + Nr. 416: Schattierung der Blätter
Farbe O = Nr. 418:

3) Mit Farbe C die Konturen der Knospe ziehen
4) Mit Farbe D die Stiele und Blattkonturen zeichnen

Die Vorlage entfernen.

5) Mit Farbe E die Mitte der blauen Blüte ausfüllen (Abb. 2)
6) Mit Farbe A die blauen Blütenblätter ausfüllen (Abb. 2)

Es wird mit DEKA-Permanent und folgenden Farben gearbeitet:

Farbe A = Nr. 411 + Nr. 408 + Nr. 419: Konturen der blauen Blüte
Farbe B = Nr. 405 + Nr. 406 + Nr. 419: Konturen der roten Blüte
Farbe C = Nr. 419 + Nr. 404: Konturen der Knospe
Farbe D = Nr. 402 + Nr. 409 + Nr. 416 + Nr. 419: Stiele und Blattkonturen
Farbe E = Nr. 419 + Nr. 411 + Nr. 408: Blütenmitte
Farbe F = Nr. 419 + Nr. 405 + Nr. 406: Umgebogene Ecken der Blütenblätter
Farbe G = Nr. 404: Mittlere Knospenblätter
Farbe H = Nr. 411 +

Stempel, Staubblätter und letzte Feinheiten

Die Vorlage (Abb. 1) unter den Stoff legen.

1) Mit Farbe A die Konturen der blauen Blüte ziehen; dabei die Mitte aussparen (Abb. 2)
2) Mit Farbe B die Konturen der roten Blüte ziehen (Abb. 2)

7) Mit Farbe B die roten Blütenblätter ausfüllen, dabei die umgebogenen Ecken aussparen
8) Mit Farbe F die umgebogenen Ecken der roten Blüte ausfüllen (Abb. 2)
9) Mit Farbe C die vorderen Blütenblätter der Knospe ausfüllen

15) Mit Farbe L die 2. Schattierung der blauen Blüte vornehmen (Abb. 4)
16) Mit Farbe M die 2. Schattierung der roten Blüte vornehmen (Abb. 4)
17) Mit Farbe I die 2. Schattierung der Knospe vornehmen (Abb. 4)
18) Mit Farbe N die Blätter und stellenweise die Stiele schattieren (Abb. 4)
19) Mit Farbe O die Stempel und Staubblätter der blauen und roten Blüte malen und letzte Feinheiten anbringen (Abb. 4)

10) Mit Farbe G die übrigen Blütenblätter der Knospe ausfüllen (Abb. 2)
11) Mit Farbe D die Stiele und Blätter ausfüllen (Abb. 2)
12) Mit Farbe H die blauen Blütenblätter schattieren (Abb. 3)
13) Mit Farbe I die roten Blütenblätter schattieren (Abb. 3)
14) Mit Farbe G die vorderen Knospenblätter schattieren (Abb. 3)

3

4

LILIE

Es wird mit DEKA-Permanent und folgenden Farben gearbeitet:

Farbe A = Nr. 402 + Nr. 419: Konturen der Blüte und Knospen
Farbe B = Nr. 402 + Nr. 405 + Nr. 419: Flächen der Knospen und Unterseiten der Blütenblätter
Farbe C = Nr. 402 + Nr. 409 + Nr. 419: Konturen des Stiels und der Blättchen
Farbe D = Nr. 402 + Nr. 405 + Nr. 419: Schattierung der Blütenblätter und Knospen
Farbe E = Nr. 402 + Nr. 405: 2. Schattierung der Blütenblätter und Knospen
Farbe F = Nr. 405 + Nr. 406: Letzte Feinheiten an der Blüte
Farbe G = Nr. 414 + Nr. 402: Oberseiten der Blättchen
Farbe H = Nr. 405 + Nr. 415: Staubblätter

Die Vorlage (Abb. 1) unter den Stoff legen.

1) Mit Farbe A die Konturen der Blüte und Knospen ziehen
2) Mit Farbe C die Konturen des Stiels und der Blättchen ziehen

Die Vorlage entfernen.

3) Mit Farbe A die Oberseiten der Blütenblätter und die kleine Knospe ausfüllen (Abb. 2)
4) Mit Farbe C den Stiel und die Blättchen ausfüllen, dabei die Blattoberseiten aussparen (Abb. 2)
5) Mit Farbe B die Unterseiten der Blütenblätter und die größere Knospe ausfüllen
6) Mit Farbe D die Blütenblätter und die Knospen schattieren (Abb. 3)
7) Mit Farbe E die 2. Schattierung der Unterseiten der Blütenblätter ausführen (Abb. 4)
8) Mit Farbe F die Schattierung überarbeiten (Abb. 4)
9) Mit Farbe G die Oberseiten der Blättchen ausfüllen (Abb. 4)
10) Mit Farbe H die Staubblätter ausfüllen

WIESENKLEE

Es wird mit DEKA-Permanent und folgenden Farben gearbeitet:

Farbe A = Nr. 419 + Nr. 409: Blütenkonturen
Farbe B = Nr. 402 + Nr. 414 + Nr. 419: Stiele und Blattkonturen
Farbe C = Nr. 411 + Nr. 408: 2. Schattierung der Blüten
Farbe D = Nr. 409 + Nr. 411: 3. Schattierung der Blüten
Farbe E = Nr. 401 + Nr. 409 + Nr. 419: Flächen einiger Blätter und Stiele
Farbe F = Nr. 418: Letzte Feinheiten

Die Vorlage (Abb. 1) unter den Stoff legen.

1) Mit Farbe A mit der Pinselspitze die Konturen der Blüten tupfen (Abb. 2)

2) Mit Farbe B die Stiele und Blattkonturen zeichnen

Die Vorlage entfernen.

3) Mit Farbe A und der Pinselspitze die Blüten austupfen; dabei zur Andeutung der Rundung die Tupfen verschieden dicht setzen (Abb. 3)

4) Mit Farbe C auf dieselbe Weise eine 2. Schattierung tupfen

5) Mit Farbe D eine 3. Schattierung tupfen (Abb. 3)

6) Mit Farbe B die mit X und Y gekennzeichneten Blätter ausfüllen (Abb. 4)

7) Mit Farbe E die mit X gekennzeichneten Blätter schattieren

8) Mit Farbe F an den mit Y gekennzeichneten Blättern und den Kelchblättern letzte Feinheiten anbringen (Abb. 5)

Register

Äderung 49, 58
Anwendung 12, 28, 29, 43

Collagetechnik 65

DEKA-Permanent-Metallics 8
DEKA-Permanent
   für helle Stoffe 8, 16
   Mischen 25
DEKA-Deck-Permanent
   für dunkle Stoffe 10
   Mischen 28
DEKA-Silk 8
Dunkle Stoffe 10, 21
   Fixieren der Farben 22
   Geeignete Stoffe 22
   Stoffgrundfarbe 22
   Ungeeignete Stoffe 21
   Waschen bemalter Stoffe 22

Farben
   dritter Ordnung 25
   Gebrauch 23–38
   neutrale Farben 25
   Primärfarben 10, 25
   Sekundärfarben 25
Farbkombination 30
Farbkompositionen
   auf rosafarbigem Grund 32
   auf weißem Grund 34

   für dunkle Stoffe
      kontrastreich 38
      Ton-in-Ton 37
Farbmischungen
   mit DEKA-Permanent 27
Fixieren der Farben
   bei hellen Stoffen 20
   bei dunklen Stoffen 22

Helle Stoffe 8, 16
   Fixieren der Farben 20
   Geeignete Stoffe 18
   Stoffgrundfarbe 19
   Ungeeignete Stoffe 18
   Waschen bemalter Stoffe 20
Hilfsmittel 8–22

Kombination der Farben 30
Kopiertechnik 64

Maltechnik 39–54
Materialien 8–22
Motive
   Anemonen 90–91
   Geranie 84–85
   Glyzinien 80–81
   Hundsrose 68–71
   Iris 82–83
   Kornblumen mit Ähre 86–87
   Lilie 92

Margeriten 88–89
Mohn 76–77
Narzisse 79
Primeln 78
Wiesenklee 93
Zweige mit Beeren 74–75
Pinsel
  praktische Übungen 45
Praktische Übungen
  Ausfüllen der Konturen 48
  Ausfüllen eines Blütenblattes 50
  Blattäderung 49
  Kolorierung eines Motivs 52
  umgebogene Blütenblätter 51
  Zeichnen von Konturen 47
  Zeichnen von Linien 46

Schattierung
  gemalt 57
  gestupft 60
Stupftechnik 60

Techniken der Stoffdekoration
  Aquarellieren 40
  Batik 40
  Druck mit natürlichen „Matrizen" 39
  Kartoffeldruck 39
  Monotypie (Glasdruck) 39
  Salztechnik 40
  Schablonieren 40

Seidenmalerei mit DEKA-Konturmittel 40
Sprühen 40
Stoffmalerei mit DEKA-Bügelfarben 39
Terminologie 23

Übertragen des Motivs
  Collagetechnik 65
  Kopiertechnik 64
  Vergrößerung 67
  Verkleinerung 67

Waschen bemalter Stoffe
  helle Stoffe 20
  dunkle Stoffe 22

★DEKASilk

Die problemlose Seidenmalfarbe
Für Seide, Baumwolle, Synthetics
So leuchtend ★ Einfach schön!
Malen, bügeln...schon fixiert!

Kein Kinderspielzeug
DEKA-Textilfarben, D-8025 Unterhaching